Un instant, un pic neigeux,
dressé dans sa redoutable solitude,
se révélait aux regards.
A mesure que les nuages se déchiraient
au flanc de la montagne, nous découvrions
les tristes forêts, les terribles précipices,
les flaques blanches de la neige,
les gouffres aussi noirs que la nuit...

Francis Parkman, *la Piste de l'Oregon*

Dominant la grande vallée

californienne, la sierra Nevada.

Aux portes du désert de l'Arizona,

le grand canyon du Colorado.

L'un des sites les plus imposants

du Wyoming : le canyon du Yellowstone.

Né en 1942, Philippe Jacquin est depuis 1984 assistant en Histoire moderne à l'université de Lyon III. En tant que spécialiste des Indiens et de la colonisation américaine, il collabore régulièrement à la revue " Histoire ". Il a publié *les Indiens blancs* (Payot, 1987), qui reprend ses recherches de thèse sur les rapports entre Français et Indiens aux XVIIe et XVIIIe siècles. Dans la collection " Découvertes ", il est déjà l'auteur de *la Terre des Peaux-Rouges* (1987).

À mes parents

Dépôt légal : octobre 1987
Numéro d'édition : 41754
ISBN 2-07-053036-1
Imprimé en Italie

VERS L'OUEST
UN NOUVEAU MONDE

Philippe Jacquin

DÉCOUVERTES GALLIMARD
AVENTURES

Le 18 mars 1803, Talleyrand, ministre des Affaires étrangères du Premier consul Bonaparte, reçoit le diplomate américain Robert Livingston. Ce dernier est à peine assis que Talleyrand l'interpelle : « Combien donnez-vous pour toute la Louisiane ? » Le diplomate demeure stupéfait : les Français lui proposent la moitié du continent américain !

CHAPITRE PREMIER

UN EMPIRE DE DÉSERTS ET DE MONTAGNES

La bannière étoilée monte dans le ciel de la Nouvelle-Orléans, où vivent la majorité des créoles français. Les Acadiens, eux, se sont réfugiés dans les bayous de l'Ouest. Mais, en fait, les deux tiers des dix mille habitants de la Louisiane sont des Américains.

En fait, Bonaparte décide, devant la menace anglaise, de se débarrasser des possessions américaines de la France, impossibles à défendre depuis l'autre côté de l'Atlantique.

Thomas Jefferson, (1743-1826), troisième président des Etats-Unis, souhaitait créer dans l'Ouest une nation de petits propriétaires indépendants.

En achetant la Louisiane, les Américains réalisent-ils une bonne affaire ? Thomas Jefferson en est convaincu

En quelques semaines, les deux parties s'accordent sur le prix de la cession : quinze millions de dollars. Le traité est signé le 30 avril 1803 à Paris. Les Français sont heureux d'abandonner d'immenses étendues où ne s'aventurent que des trappeurs illettrés et « demi-sauvages ».

En poste à Paris de 1784 à 1789, Jefferson a compilé les écrits, tant français qu'anglais, publiés sur la Louisiane, et il est persuadé que la colonisation de ces « terres vierges » reste possible.

De l'expérience américaine dans les Appalaches, Jefferson retient le rôle des trappeurs, estimant qu'eux seuls peuvent ouvrir la voie aux pionniers, mais en même temps il redoute les visées des Espagnols solidement implantés dans le Sud-Ouest, et des Anglais dans des régions aux limites mal déterminées. Visionnaire, Jefferson ne se fait qu'une idée vague de ces espaces en blanc sur les cartes de l'époque. Seuls de rares Européens les ont parcourus au XVIIIe siècle.

Tous les témoignages s'accordent sur la puissance de la nature au-delà du Mississippi

Au-delà du Grand Fleuve commence une terre de démesure et de contrastes. L'Ouest s'ouvre avec les Grandes Plaines, un océan d'herbes dont la monotonie n'est brisée que par des îlots de bois et des coulées dans lesquelles se faufilent les

Paysages et Indiens fascinent les artistes. La force de la Nature imprègne ce tableau d'Albert Bierdstadt (1830-1902). Ce peintre d'origine allemande participe dans les années 1860 à plusieurs expéditions autour du fort Laramie et dans les Rocheuses. Influencé par la peinture romantique et le grandiose, il s'inspire des scènes de l'Ouest, où se côtoient en harmonie la Nature et le Sauvage. Célèbre, il expose à New York et popularise une certaine image du monde, que les plaques photographiques n'avaient pas encore fixée.

rivières et les taillis épais, abri d'une faune abondante. Dans les plaines du Nord prédominent les « herbes à bison », le *bouteloua*, les stirpes et spartines qui attirent les troupeaux. Au sud, la végétation que l'on rencontre, l'armoise et le cactus, est très espacée.

L'âpreté du paysage est accentuée par la violence du climat. La sécheresse constitue le trait marquant de la saison chaude. Aux journées torrides succèdent les gelées nocturnes. A la fin de l'automne, parfois avant, apparaissent les premières neiges, qui perdurent jusqu'en avril. Le blizzard balaie ces vastes espaces et fait descendre les températures quelquefois jusqu'à moins trente degrés. D'autres jours, le souffle tiède du chinook offre de douces journées en plein cœur du long hiver. Les plaines se heurtent à une véritable barrière, les montagnes Rocheuses. Dans ce monde de pierre, loin de s'apaiser, les oppositions

L'introduction du cheval au XVIIIe siècle a bouleversé le mode de vie des tribus indiennes, en accentuant la mobilité des peuples nomades ; pour la guerre et la chasse au bison, le « chien sacré », comme l'ont baptisé les Indiens, prend une valeur inégalée. Les tribus possèdent de véritables troupeaux, font de l'élevage, coupent des branches d'arbre et de l'herbe pour nourrir leurs animaux pendant l'hiver et les abritent dans des tentes.

s'intensifient. Quel que soit le milieu naturel, la richesse de la végétation nourrit une variété importante d'animaux et constitue indirectement une condition essentielle de la survie des Indiens au sein d'une nature hostile.

Les plaines sont le domaine de prédilection du « dieu bison ». A la fin du printemps, ces bêtes se déplacent en troupeaux qui envahissent le paysage. La chasse domine toutes les activités des Indiens des Grandes Plaines, les autres ressources n'ont qu'un rôle secondaire – ainsi la cueillette, activité essentiellement féminine. Groupées en bandes pendant la mauvaise saison, les tribus se réunissent aux beaux jours pour les grandes chasses et les razzias. Les Pieds-Noirs, les Dakotas, les Cheyennes, les Arapahos et les Comanches ne possèdent pas de territoires précis, mais ils organisent leurs migrations dans un espace qui est reconnu par les autres peuples.

En pleine révolution industrielle, la plupart des Américains n'ont jamais vu d'Indiens, qui ne vivent plus que dans la tradition orale et les histoires que l'on colporte lors des veillées. En s'enfonçant dans le continent, les pionniers découvrent des tribus à la culture originale, que la littérature, puis le western vont faire entrer dans la culture américaine, en passant sous silence leur destin tragique.

Malgré les dangers, les Rocheuses demeurent le « paradis de la fourrure »

Guerriers courageux, fiers de leur liberté, les Indiens n'ont jamais redouté les Blancs ; les seuls qu'ils peuvent rencontrer partagent d'ailleurs leur mode de vie. Les Indiens se satisfont des contacts épisodiques avec les trappeurs ; par le troc, ils obtiennent tabac, alcool, perles et fusils, et laissent leurs squaws les accompagner dans leur marche vers l'Ouest.

Du reste, les Rocheuses sont le seul point intéressant pour ces hommes en quête de fourrures. La progression à travers les plaines se fait en

Dans des conditions précaires, les *Mountains men*, toujours en quête de nouvelles rivières riches en castors, passent l'hiver à piéger les animaux à fourrure. Dans un abri de fortune, un homme prépare le repas de castor, tandis que l'autre étend les peaux fraîches sur un cerceau où elles sécheront.

vue des Rocheuses, dont la silhouette se découpe peu à peu, envahissant l'horizon. La montagne se dresse comme un défi, personne ne la trompe. Dans l'Ouest, l'atmosphère sèche accentue la luminosité et la clarté des montagnes, d'où le surnom de Shining Mountains. Les Indiens placent au cœur des Rocheuses le royaume légendaire des morts et les

Dans les années 1820-1860, l'âge d'or de la fourrure, deux mille à trois mille trappeurs vivent dans les Rocheuses. A la fin du printemps ils quittent leur territoire de chasse et descendent dans une vallée au « rendez-vous », immense foire de la fourrure, lieu de convivialité entre trappeurs, Indiens et marchands. Ceux-ci achètent les peaux et offrent en contrepartie armes, pièges et alcool. Longtemps méprisé, le trappeur a gagné ses lettres de noblesse avec J. Fenimore Cooper qui en dresse un portrait romantique éloigné de la réalité historique.

imaginent peuplées de fantômes et d'esprits. Ils évitent de s'aventurer dans ces régions. Les trappeurs des Rocheuses, les *Mountains men,* restent seuls dans leur royaume à la merci d'un accident, d'un grizzli, d'un puma ou tout simplement du froid qui saisit l'imprudent la nuit. Mais le plus petit cours d'eau regorge de castors. Le versant Pacifique n'est pas moins riche, la vallée du Sacramento et du San Joaquin, et même les régions marécageuses de la baie de San Francisco, apportent leur copieux butin à l'audacieux qui a bravé l'altitude ou réussit à trouver un col. Depuis le début du XIXᵉ siècle, les grandes compagnies de fourrures avaient encerclé les montagnes Rocheuses, plantant dans l'Oregon ou dans les plaines des forts que les trappeurs pourvoyaient en peaux. « Aucun trou de l'Ouest sauvage n'a été épargné par ces gaillards. Du Mississippi à l'embouchure du Colorado, des terres glacées du Nord à la Gila de Mexico, le trappeur a posé ses pièges dans le moindre ruisseau. Sans lui, cet immense territoire serait une *terra incognita* aux géographes. » L'hommage appuyé du voyageur George Ruxton demande, bien entendu, à être nuancé : la plupart des trappeurs se moquent, en effet, de la géographie et aiment mieux rapporter de leur séjour dans la montagne des aventures plus glorieuses ou tout simplement plus lucratives.

L'exploit de traverser la barrière des Rocheuses ne sera accompli que bien des années plus tard

Jedediah Smith s'était engagé à vingt-trois ans au service d'une compagnie de Saint Louis. Remarqué par son courage, il prend vite la direction d'une équipe de trappeurs et décide de chercher de nouveaux terrains de chasse dans le sud des Rocheuses. Il s'aventure au-delà du Grand Lac Salé, traverse le Grand Bassin et le désert Mojave avant d'entrer en Californie où les Espagnols l'emprisonnent en 1827. Premier Blanc à se hasarder dans ces régions, Smith découvre la South Pass qu'emprunteront par la suite des milliers de colons.

Quelques années plus tard, le trappeur Joe Walker descend la rivière de Humboldt, atteint la sierra Nevada, pénètre dans la vallée de la Yosemite et contemple enfin les séquoias géants de la Californie. Walker revient en 1834 par la vallée Joaquin, franchit un col du sud de la sierra Nevada, baptisé depuis Walker Pass, et remonte vers la Humboldt. Les deux trappeurs ouvrent la route des Rocheuses. La South Pass permettra à la piste de l'Oregon de se lancer vers le nord et la piste de la Californie suivra la vallée de la Humboldt jusqu'à l'arrière de San Francisco. En l'absence d'impulsion gouvernementale et de projets de colonisation, ces explorations demeurent vaines, l'Est ne portant encore que bien peu d'intérêt à l'Ouest.

Corps puissant, regard déterminé, *hawken* sur les épaules : les artistes contemporains se plaisent à représenter le trappeur comme un « Jacksonien », c'est-à-dire un partisan convaincu de l'expansion vers l'Ouest. En réalité, rares sont les hommes comme Jedediah Smith (1799-1831) qui, selon l'expression d'un journaliste, se transforme en « véritable atlas de l'Ouest ». Smith n'était pas un pauvre bougre illettré, il avait fait des études et le goût de l'aventure l'avait poussé vers l'Ouest. Persuadé de faire fortune, il se lança dans une expédition sur la piste de Santa Fe en 1831. Les Comanches l'attendaient... Ce fut sa dernière piste.

Printemps 1804 : les héros de la première exploration officielle des nouveaux territoires ont pour noms Lewis et Clark

Depuis un quart de siècle, la classe politique et l'ensemble de la nation oscillent entre le scepticisme et le désarroi. Quelle est la réalité de cet empire, désert ou éden ? Accédant à la magistrature en 1801, Jefferson s'intéresse

à l'Ouest et, une fois la Louisiane américaine, il organise l'exploration des nouveaux territoires.

Le président confie cette tâche délicate à son secrétaire particulier, Meriwether Lewis. La mission a pour objectif d'estimer le potentiel d'animaux à fourrure de ces contrées, de sonder les intentions des Indiens comme éventuels partenaires commerciaux et de reconnaître le futur tracé d'une « voie transcontinentale la plus directe et la plus navigable » jusqu'au Pacifique.

Lewis choisit pour second un camarade de promotion, William Clark, dont les talents de dessinateur seront d'un grand profit dans une aventure qui s'étendra, de mai 1804 à septembre 1806, sur 12 370 kilomètres... Partis de Saint Louis, Lewis et Clark empruntent le chemin des trappeurs. Avec vingt soldats, ils remontent le Missouri, tiennent des conseils avec les Indiens qu'ils rencontrent, parcourent des régions qui regorgent de castors et, début novembre 1805, perçoivent un grondement lointain, sourd et continu : celui des vagues qui déferlent sur la côte Pacifique. Le 7 décembre 1805, les Américains contemplent l'Océan.

Le rapport de Lewis et Clark fait naître le mythe de « l'Oregon terre fertile, terre promise »

Les journaux de l'Est rendent compte avec des accents élogieux de l'exploit des deux hommes : les informations rapportées, les relations des

William Clark (1770-1838), homme d'action, avait fait une honnête carrière militaire avant d'être choisi par Lewis A son retour, chargé des Affaires indiennes dans le Missouri, il accomplit une tâche remarquable. Les dessins de l'expédition de Lewis et Clark (en haut) sont dus à un charpentier, Patrick Gass, qui l'illustra de manière un peu fantaisiste mais contribua à faire entrer dans la légende l'exploit des Américains.

explorateurs, la publication de leur carnet de route, vont enfin révéler les richesses fabuleuses de ce continent mystérieux qu'ils viennent de traverser. Les déclarations et les écrits de Lewis et Clark, notamment sur la fertilité de la région de l'Oregon, apportent au courant agrarien la conviction qu'il ne s'était pas trompé.

Déjà au XVIIe siècle affleurait, dans la vision de l'Ouest, l'image d'un paradis agricole. L'émigré normand Saint John de Crèvecœur évoquait déjà dans ses *Lettres d'un fermier américain,* publiées en 1780, la fertilité infinie d'une frontière toujours en mouvement vers l'intérieur du continent. Benjamin Franklin publiait des articles sur la mise en valeur des terres de la vallée de l'Ohio et ne cessait d'affirmer que « la grande affaire de ce pays c'est l'agriculture ». Franklin estimait que ces immenses terres libres allaient attirer les travailleurs et les salariés les plus pauvres des villes et, par là même, contribueraient à y maintenir des salaires élevés.

Thomas Jefferson partageait son analyse, en soulignant que l'indépendance économique et morale de ces petits propriétaires terriens demeurait la meilleure garantie de la pérennité des institutions républicaines.

Enfin d'autres, par exemple le spéculateur Thomas Hutchins, qui avait visité la Louisiane orientale, prophétisaient avec une superbe assurance que l'avenir du continent se trouvait dans ces vastes contrées.

Meriwether Lewis (1774-1809), virginien, est un intellectuel idéaliste qui prépare son voyage en suivant des cours de médecine et de sciences. A son retour, il est nommé gouverneur de la Louisiane mais il se rend vite impopulaire auprès des habitants et de l'administration en prenant seul toutes les décisions. Rappelé au bout d'un an, il meurt à trente-cinq ans, en revenant vers Washington. Sa disparition demeure assez mystérieuse.

L'étonnant destin de la femme-oiseau, compagne de Lewis et de Clark

Sacagawea, la femme-oiseau, indique le chemin à Lewis ; en retrait se tiennent l'esclave noir de Clark, York, et le mari de l'Indienne, le trappeur Toussaint Charbonneau. Auprès des tribus de l'Ouest, York fit sensation : les Indiens n'avaient jamais vu de « Blanc à la peau noire » selon leur expression. Sacagawea vient de mettre au monde un fils, elle souhaite retrouver sa tribu, les Shoshones, à qui elle a été enlevée à l'âge de dix ans. Son frère dirige sa tribu natale et elle obtient des porteurs, des chevaux et des vivres. Elle accompagne les explorateurs jusqu'au Pacifique et les aide dans leur retour. Le reste de sa vie nous est mal connu. Clark, dans son journal, lui rend hommage : « L'épouse de Charbonneau permit de nous concilier tous les Indiens car ils comprenaient tout de suite nos intentions amicales ; en effet, une femme dans un groupe d'hommes ne peut être qu'un signe de paix. »

Les messagers du « Grand-Père de Tous »

Pendant tout le voyage, Lewis explique aux Indiens les intentions des Américains et la soumission qu'ils doivent à leur « Grand-Père » de Washington ; toute résistance les conduirait à « être détruits comme le feu consume l'herbe de la Plaine ». Malgré leur assurance, les Américains redoutent un affrontement et le tableau de Russel, ci-contre, montre l'attitude prudente des Blancs. De temps à autre, Lewis impressionne ses interlocuteurs en se servant de son fusil à air comprimé qui fonctionne sans poudre. Les véritables difficultés apparaîtront au retour avec les Pieds-Noirs. Surpris en train de dérober un fusil, de jeunes Indiens affrontent les soldats. Un Pied-Noir s'écroule poignardé, un autre reçoit une balle. Les Pieds-Noirs garderont pendant des générations une profonde hostilité envers les Américains. Plus d'un pionnier succombera à la flèche destinée à Lewis.

A l'assaut des Rocheuses

En suivant les eaux de la Clearwater, de la Snake et de la Columbia, les Américains s'enfoncent dans la chaîne des Rocheuses. Nez-Percés et Chinooks regardent passer cet étrange groupe de Blancs à la peau tannée, conduits par une squaw, réduits à se nourrir de chiens, en proie à des maux de tête, épuisés par l'altitude. Enfin, en décembre 1805, la troupe contemple le coucher de soleil sur le Pacifique. Le plus dur reste à faire. Lewis attend trois mois, sur la côte, un navire : le président lui a confié une lettre de crédit dans cette éventualité. En mars 1806, déçus, les hommes repartent vers l'Est. Blessé au cours d'une chasse, Lewis passe des semaines sur un brancard. Après l'affrontement avec les Pieds-Noirs, les Américains redoutent une embuscade, et beaucoup d'hommes tombent malades. L'expédition atteint Saint Louis le 23 septembre 1806, alors que tout le monde croit à sa disparition depuis longtemps.

Les expéditions Pike et Long inscrivent sur les cartes la vision effrayante du Grand Désert

Soutenu par l'optimisme de l'opinion publique et de la presse, le gouvernement américain s'empresse d'envoyer des missions d'explorateurs vers d'autres régions. De 1805 à 1807, le lieutenant Zebulon Pike explore la rivière Arkansas, atteint les montagnes Rocheuses où il escalade le sommet qui porte son nom et arrive à Santa Fe en territoire mexicain. A son retour, il compare les régions découvertes au « désert de sable africain », les explorateurs ne démentant aucunement ses propos.

Un autre militaire, Stephen H. Long, entreprend, dans les années 1819-1820, un périple

Aux Américains élevés dans un environnement boisé et verdoyant, l'Ouest, avec ses immenses plaines sans arbres, ses plateaux arides, ses étendues couvertes de sel, ses puissantes montagnes - ici le désert de Mojave -, semble un autre monde où l'homme civilisé peut perdre toute humanité.

le long de la Platte River. Cherchant les sources de l'Arkansas, il erre plusieurs mois sans grand succès dans les plaines centrales et affirme dans son rapport que « cette immense partie du pays est impropre à la culture et par conséquent tout à fait inhabitable pour des populations qui ne subsistent que par l'agriculture ». Sur les cartes s'inscrit alors le nom terrifiant de Grand Désert. Une véritable barrière à la civilisation se dressait au cœur du continent. Les plaines ondulantes et sans arbres avaient fortement impressionné les Américains, qui jugeaient de la fertilité du sol aux espèces d'arbres qui y poussaient. L'absence d'arbres et la sécheresse accréditeront l'idée, jusque dans les années 1860, que ces terres étaient désespérément stériles. Sans agriculture, la civilisation était-elle possible ?

Zebulon Pike (1779-1813), engagé à quinze ans dans l'armée, est autodidacte. Après avoir exploré les sources du Mississippi et le Colorado, il se lance dans la carrière militaire et sera tué lors du siège de Toronto.

Stephen H. Long (1748-1864). Ingénieur militaire, il conduit plusieurs expéditions dans l'Ouest entre 1819 et 1823, puis revient à sa passion première d'ingénieur.

« J'avais soif d'action, d'aventure, de gloire et des hauts faits qui m'attendaient là-bas vers le soleil couchant »

Dans sa misérable ferme de l'Indiana, le poète Joaquim Miller exprime son émotion à la lecture du rapport Frémont sur les terres nouvelles.

Depuis les explorations de Lewis et Clark, suivies des déceptions engendrées par les rapports de Pike et Long, le gouvernement de Washington ressentait le besoin de cartographier « l'héritage des Français », la Louisiane et les Rocheuses que parcouraient les trappeurs. Trop d'exagérations et d'approximations circulaient, on connaissait à peine le cours des fleuves et les *passes* des trappeurs variaient au gré des individus. En 1838 est constitué le Service topographique de l'armée ; son fondateur, John Abert, recrute des officiers de West Point : William Emory ou Amiel Weeks, mais également des hommes d'expérience tel John Frémont. En effet, Frémont avait appris le métier sur le terrain en suivant le savant français Joseph Nicollet qui, en 1836, avait établi un relevé remarquable du haut Missouri. La chance de Frémont est son mariage avec la fille du chantre de l'expansion

vers l'Ouest, le sénateur Thomas Hart Benton. Ce dernier le présente à John Abert comme un habitué de l'Ouest. En 1842, Frémont se lance dans une expédition au cœur des Rocheuses. Il s'entoure du célèbre guide Kit Carson et du topographe allemand Karl Preuß.

Dans la matinée du 8 mars 1843, les sénateurs sont conviés, dans la grande salle du Congrès à Washington, à l'audition d'un rapport d'exploration sur l'Ouest. Des heures à écouter la litanie habituelle, une fastidieuse suite de déserts et de montagnes agrémentées d'une poignée de sauvages. Des régions sans grand intérêt pour un honorable représentant de la Caroline ou du Maryland... Pourtant, la salle ne sombre pas dans la torpeur ; dès les premières lignes l'auditoire est stupéfait. Est-ce bien du même pays que l'on parle ? L'auteur du rapport, Frémont, livre dans un style lyrique une image des Rocheuses où le romantisme affleure à chaque ligne. L'Ouest n'est pas un désert, mais un paradis... Sous la plume de Frémont, l'Ouest s'embellit au cours du récit : là où ses prédécesseurs n'avaient vu qu'une nature violente et inhospitalière, lui imagine déjà les verts pâturages, les champs de blé ondulant qu'offrira un sol généreux.

Enthousiasmé, le Congrès ordonne d'imprimer cette bible à dix mille exemplaires. La presse s'empare du texte, en propose des extraits judicieusement choisis. Son succès au Congrès vaut à l'explorateur romantique une seconde mission, en 1844. Frémont, toujours avec des mots aussi forts, ravit ses lecteurs par son rapport qui les emmène dans l'Oregon. Cette fois-ci, le texte est tiré à plus de cent mille exemplaires, et l'opinion publique découvre un nouveau monde. Les extraits du rapport Frémont circulent jusqu'au fond de l'Amérique. L'effet produit est énorme.

Debout près de Charles Frémont (1813-1890), son guide dans l'Ouest : Kit Carson (1809-1868). Ils combattent pour libérer la Californie, puis Carson se met au service de l'armée. Malgré sa sympathie pour les Indiens, il luttera contre eux.

Thomas Benton (1782-1858). Avocat, il sera très tôt partisan du chemin de fer et persuadé que le « jardin du monde » se trouve dans l'Ouest.

Face à l'ampleur de l'immigration, le mouvement vers l'Ouest devient un enjeu politique

Même si la prose de Frémont ne séduit pas tous les humbles fermiers, des politiciens et des journalistes tentent de créer un mouvement vers l'Ouest.

La philanthropie de quelques-uns masque

Les vagues successives de l'immigration ébranlent la société. La « Terre promise » ne nourrit plus ses fils, mais la Providence sauve l'Amérique en lui offrant un Ouest où l'individu se forge un nouveau destin. Jusqu'à la guerre civile, les flots de pionniers comportent plus d'Américains que d'immigrants de fraîche date...

l'inquiétude du plus grand nombre. En effet, si depuis deux siècles l'Amérique a érigé une tradition de terre d'accueil, bien des Américains solidement établis s'alarment, toutefois, de l'indigence extrême de ces milliers d'hommes et de femmes qui envahissent les ports de la côte est.

L'immigration était le « sang neuf » d'un continent en expansion, mais elle a bien changé depuis l'arrivée des pères pèlerins à bord du *Mayflower*. De 1820 à 1860, le pays reçoit cinq millions d'Européens ; 39 % des nouveaux venus sont des Irlandais catholiques, 30 % des Allemands ; et, plus tard, arrivent des Slaves ainsi que des Juifs d'Europe

Horace Greeley, influencé par le fouriérisme et les idées agrariennes, estime que l'avenir du pays dépend de l'organisation de petites communautés agricoles aux vertus morales exemplaires. Il voit dans la distribution de parcelles dans l'Ouest une solution à la terrible condition ouvrière et souhaite que l'Etat construise routes, écoles et chemins de fer. Il se fait le propagandiste de ses idées grâce à son journal. Il encourage en 1870 l'initiative du journaliste Nathan Meeker, qui fonde près de Denver une colonie agricole. Meeker réussit à construire un système d'irrigation et à faire pousser du blé.

centrale et orientale et des Italiens. Tous s'entassent, ici et là, dans des quartiers périphériques constituant des zones de chômage, de misère et de délinquance. Dès 1820, élu au Sénat, Benton encourageait les pauvres à avancer à l'intérieur du pays, car il percevait ces départs comme le remède au chômage.

Benton fut aidé dans sa campagne par les articles exaltés du directeur du *New York Tribune,* Horace Greeley, qui considérait que les terres libres devaient jouer le rôle de soupape de sécurité et demanda au gouvernement d'offrir une partie du domaine public à des paysans indépendants en 1837 et se plaisait, au cours de réunions ou dans la presse, à lancer des formules simples qui provoquaient l'enthousiasme : « Go West, young man, and grow up with the country ! » (« Pars à l'Ouest, mon gars, et va de l'avant avec le pays ! ») L'injonction de Greeley traduit le sentiment de bon nombre d'Américains dans un pays en pleine fièvre nationaliste. Les articles de journaux, les romans de Cooper et de Parkman, les informations répandues d'après les explorateurs et les voyageurs popularisent une certaine image de l'Ouest à un moment où se dessinent les désirs d'expansion de la jeune nation. Une nouvelle génération se lève, elle n'a pas connu l'époque où l'histoire s'écrivait sur les bords de l'Océan, elle a aujourd'hui le sentiment que le destin du pays se joue dans les territoires au-delà du Mississippi.

Mais tout l'Ouest n'est pas américain, les Espagnols et les Anglais s'en partagent une bonne partie

Qu'importe aux pionniers qui avancent, persuadés de leur bon droit à occuper un continent aux trois quarts vide. Depuis le XVIIIe siècle, il existait des relations commerciales régulières entre les Espagnols de Santa Fe et les trappeurs. En s'affranchissant de la tutelle espagnole en 1821, le Mexique souhaitait entretenir des contacts amicaux avec les Américains. Chaque année, par la piste de Santa Fe, une caravane de cent chariots, solidement escortés en raison de la menace

Dans les années 1770, les trappeurs de la Compagnie anglaise de la baie d'Hudson avaient pénétré dans le nord des Rocheuses et dans l'Oregon. Les forts disséminés dans ces contrées, qui ne tenaient pas lieu d'administration coloniale, laissaient croire que ces territoires appartenaient à sa Gracieuse Majesté.

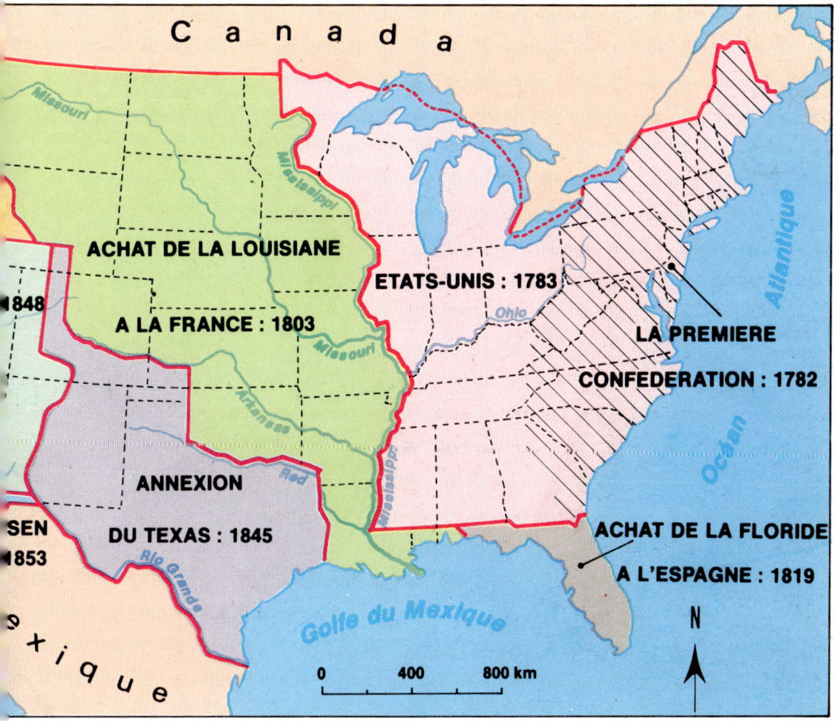

comanche, apportait des objets manufacturés de l'est des Etats-Unis et les *gringos* rentraient avec des fourrures, de l'argent et surtout de belles pièces d'or.

Le « commerce des prairies », drainait vers le sud-ouest des aventuriers mais aussi des colons. Les terres libres et la léthargie des autorités suscitaient des convoitises ; la piste de Santa Fe était devenue une route familière aux immigrants dans les années 1822 et 1823. Ainsi, conduites par Mose Austin, trois cents familles sont autorisées à s'installer près de San Antonio. Les Mexicains accueillent bien les nouveaux venus et leur offrent des parcelles de terre. Le Texas oriental attire aussi des *desperados* qui franchissent le Pecos afin de se mettre à l'abri de toute poursuite.

En 1850, seuls le Texas, la Californie et le Colorado connaissent l'occupation américaine, le reste du Far West appartient encore aux Indiens.

« Le destin du peuple américain est de conquérir le continent que la Providence lui a assigné »

Ce vœu, émis dans un éditorial lyrique de 1845 par John O'Sullivan, ne tardera pas à être exaucé.

A partir de 1830, les Américains sont en majorité et souhaitent entrer dans l'Union... L'agitation se poursuit plusieurs années : négociations, conflits, sacrifice de Fort Alamo en mars 1836, se succèdent sans que Washington intervienne. Dans l'Est, la presse se déchaîne contre le président mexicain Santa Anna et réclame des mesures énergiques. Elles n'ont pas le temps d'être prises que le chef des insurgés, Sam Houston, surprend l'armée de Santa Anna. En dix-huit minutes la guerre est terminée,

Le 6 mars 1836, les cinq mille soldats du Mexicain Santa Anna investissent le fort Alamo. Noyés sous le nombre, les 187 défenseurs périssent ou se rendent. Le siège de cette ancienne mission, entourée d'un mur de terre, avait commencé le 23 février 1836. Le colonel Travis avait été chargé, avec une centaine d'hommes, d'occuper Alamo, un poste situé près de San Antonio.

en avril 1836. Après bien des pourparlers, le Texas rejoint l'Union en 1845. L'affaire mexicaine avait exalté le nationalisme américain. Les journalistes soulevaient des passions pour des territoires de l'autre bout du continent. Ce nationalisme exacerbé explique l'effervescence – les démocrates envisagent la guerre – suscitée par le différend entre les Etats-Unis et la Grande-Bretagne au sujet de l'Oregon. Ses limites seront enfin fixées d'un commun accord.

En mai 1846, les Américains entrent en guerre contre le Mexique. En 1848, Santa Anna se résout à perdre la Californie, l'Arizona, le Nevada, le Colorado et le Nouveau-Mexique, par le traité de Guadalupe-Hidalgo. Tout l'Ouest est américain, il ne reste plus qu'à le coloniser.

En guise de réponse aux propositions de Santa Anna, Travis fait tirer un coup de canon. Pendant le siège, les Américains reçoivent l'aide de volontaires – dont James Bowie et Davy Crockett. Avant l'assaut final, Travis lance au peuple du Texas : « Je ne me rendrai jamais, la victoire ou la mort. » « Souvenez-vous d'Alamo » sera le cri de guerre des colons.

La piste se déroule comme un ruban, sur trois mille deux cents kilomètres. Le point de départ se situe sur les bords du Missouri, dans de petites localités telles qu'Independence. Comment rêver d'un plus joli nom lorsqu'on quitte les créanciers, les « slums » du Bronx ou une Irlande famélique !

CHAPITRE II

SUR LA PISTE SANS FIN

Depuis les origines, les Américains vivent tournés vers l'Ouest, voulant en cela renier une Europe dominatrice, mais également inventer une nouvelle société et être à même de faire face aux nécessités économiques...

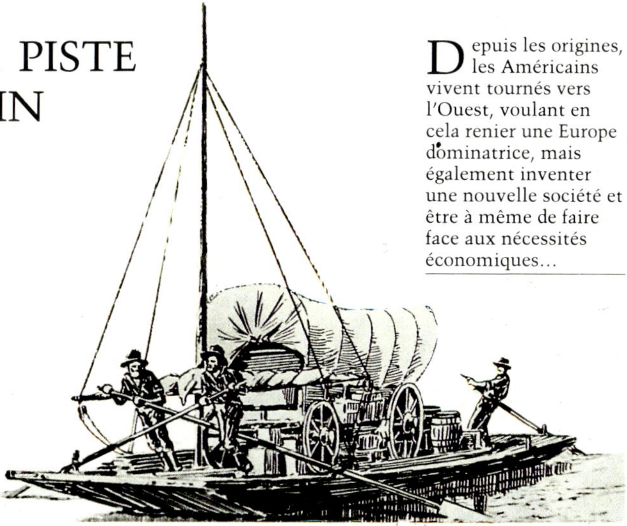

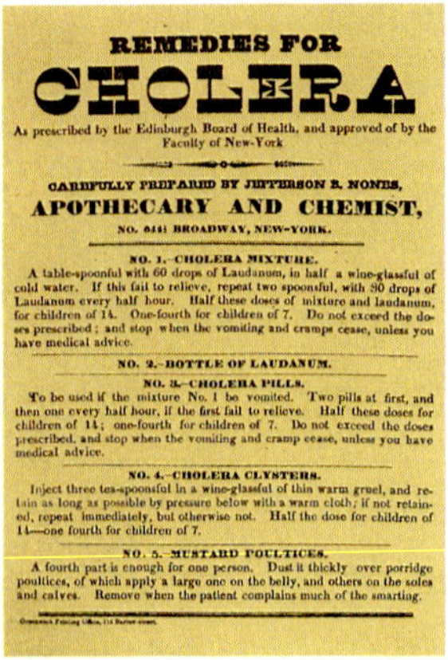

REMEDIES FOR
CHOLERA
As prescribed by the Edinburgh Board of Health, and approved of by the Faculty of New-York

CAREFULLY PREPARED BY JEFFERSON B. NONES,
APOTHECARY AND CHEMIST,
NO. 644½ BROADWAY, NEW-YORK.

NO. 1.–CHOLERA MIXTURE.
A table-spoonful with 60 drops of Laudanum, in half a wine-glassful of cold water. If this fail to relieve, repeat two spoonsful, with 90 drops of Laudanum every half hour. Half these doses of mixture and laudanum, for children of 14. One-fourth for children of 7. Do not exceed the doses prescribed; and stop when the vomiting and cramps cease, unless you have medical advice.

NO. 2.–BOTTLE OF LAUDANUM.

NO. 3.–CHOLERA PILLS.
To be used if the mixture No. 1 be vomited. Two pills at first, and then one every half hour, if the first fail to relieve. Half these doses for children of 14; one-fourth for children of 7. Do not exceed the doses prescribed, and stop when the vomiting and cramp cease, unless you have medical advice.

NO. 4.–CHOLERA CLYSTERS.
Inject three tea-spoonsful in a wine-glassful of thin warm gruel, and retain as long as possible by pressure below with a warm cloth; if not retained, repeat immediately, but otherwise not. Half the dose for children of 14—one fourth for children of 7.

NO. 5.–MUSTARD POULTICES.
A fourth part is enough for one person. Dust it thickly over porridge poultices, of which apply a large one on the belly, and others on the soles and calves. Remove when the patient complains much of the smarting.

Si tous les Américains ne succombent pas au charme des poèmes de Whitman ou aux pages enflammées de Parkman, la plupart sont sensibles à la conjoncture économique.

Plus que le goût de l'aventure, c'est la pauvreté qui pousse les gens vers l'Ouest

On identifie la Californie à un eldorado, les attributions gratuites de terre lèvent bien des hésitations, les paysans d'Europe et du Nouveau Monde rêvent de posséder un lopin de terre. Les crises agricoles et les terribles épidémies rythment le mouvement des départs au cours du XIXe siècle. En 1837 et en 1844, la chute des prix agricoles ruine des fermiers déjà endettés qui abandonnent leurs terres hypothéquées. Plusieurs épidémies de typhoïde, de malaria, de fièvre jaune, vont agir comme répulsif dans les régions touchées.

Avant la guerre de Sécession (1861-1865), la Californie et l'Oregon drainent l'essentiel des partants, trente mille en 1849 et cinquante-cinq mille en 1850 ! A Fort Laramie, à cette époque, les officiers voient défiler neuf mille chariots sur la piste de l'Oregon. Avant que le chemin de fer soit achevé, en 1869, environ trois cent cinquante mille pionniers avaient emprunté la Big Trail.

Quand on se prépare pour un voyage de plusieurs mois, l'achat du chariot est décisif

Après avoir chargé leurs maigres biens sur un chariot et traversé les Appalaches, les pionniers arrivent sur les bords du Missouri, d'où partent les convois. Une fois à destination, il faut s'équiper, trouver un chariot plus solide, des bêtes de trait, des vivres. Les dernières économies

Minoritaire mais non absente, la bourgeoisie regarde vers l'Ouest. Des cadets déshérités, des jeunes dévorés par le démon de l'aventure ou de la réussite, des couples pressés de se soustraire à l'emprise familiale, choisissent la route. Parfois, les épidémies créent la panique et accélèrent les départs.

Dans le courant du XVIIIe siècle, les marchands de fourrures et les fermiers de la Frontière utilisent le *Conestoga*, capable de transporter une tonne d'équipement. Après avoir fait ses preuves sur la piste de Santa Fe, il parcourt la Prairie pendant les années 1820-1850. Par la suite et jusqu'à son remplacement par le train vers 1870, il est transformé et mieux adapté à la piste.

fondent dans l'affaire. A l'origine, on avait tenté le voyage avec le lourd *Conestoga,* un chariot construit par les Allemands de Pennsylvanie ; l'expérience conduit à utiliser un chariot plus léger, large de 1,20 m et long de 2 à 3 mètres, couvert d'une grosse toile de coton qu'on enduisait d'huile de lin pour l'imperméabiliser. L'achat de l'ensemble revient à 60, 70 ou même 100 dollars, suivant la demande, et le prix en est toujours accru par l'acquisition des pièces de rechange. Les chevaux coûtent trop cher et on préfère recourir aux mules ou aux bœufs, dont la lenteur et la résistance sont proverbiales.

L'argent qui reste s'engloutit dans la constitution des dernières provisions, farine, biscuits épais, haricots, lard, café qui, dilué dans l'eau alcaline, sera la boisson du voyage. Les plus fortunés s'offrent des fruits secs, du sucre, du sel. L'ensemble vient s'entasser à côté du coffre à vêtements, des ustensiles de travail, parfois d'une couverture et de quelques autres objets, meubles ou fourneau, dont les pionniers ne veulent pas se séparer.

« Le Voyageur des Prairies, guide pour les expéditions à travers le continent »

Les derniers jours se passent à préparer l'itinéraire et à former une équipe. Lors des premiers voyages, on ne pouvait se fier qu'aux renseignements glanés

Au départ, les familles répugnent à se séparer de leur horloge ou de leur piano, qu'elles ne se résoudront à abandonner qu'une fois le chariot acheté : elles doivent se résigner à faire le tri. A Independence, elles laisseront l'armoire, le fourneau. Sur la piste, il faudra encore se séparer d'autres objets. Toutefois, on conserve la précieuse baratte, la poêle et le fusil ; quant au coffre à linge, il constitue souvent l'ultime « meuble » de la famille à l'arrivée.

ici et là, auprès de trappeurs ou d'aventuriers dont certains, contre une jolie somme, louaient leurs services comme guides. En 1845, Lansford W. Hastings, après avoir parcouru plusieurs fois la piste, publiait *le Guide de l'émigrant en Oregon et en Californie.* Dans cet ouvrage, le premier du genre, il dévoilait son expérience, apportait des informations d'ailleurs extrêmement approximatives sur les régions à traverser et faisait peu de cas de la cartographie. Son guide connut du succès malgré tout ; on l'emportait

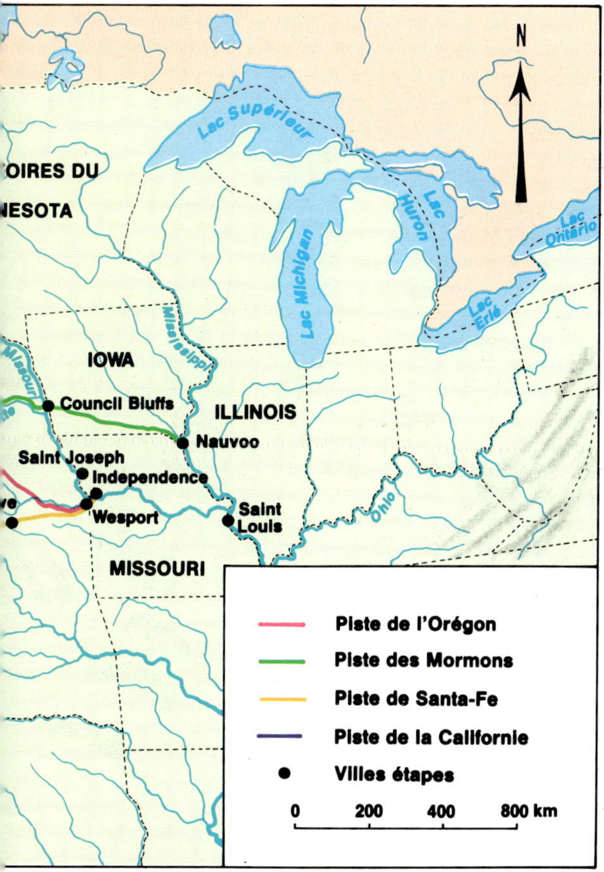

Les trois pistes irriguent le cœur de l'Ouest. Des années durant, les immigrants cherchent le chemin le plus court. La difficulté essentielle est la traversée des Rocheuses. La plupart des pionniers affrontent pour la première fois la montagne. Les rares cols ne sont praticables qu'à certaines époques et même les Indiens et les trappeurs se trompent. En 1845, le trappeur Joseph Meek lance deux cents familles sur une piste indienne au sud de la rivière Columbia. En fait de raccourci, le convoi arrive avec deux mois de retard et perd soixante-quinze personnes à cause de la famine. Le même drame se répète l'année suivante : un groupe dirigé par Georges Donner emprunte une voie conseillée dans l'ouvrage de Hastings, afin de rejoindre la Californie à travers le Grand Bassin. Il est pris dans les neiges et plus de la moitié des quatre-vingt-un voyageurs périssent de famine ou d'épuisement ; les survivants sont contraints au cannibalisme.

pour se rassurer, du moins les émigrants capables de le lire. Dans les camps de départ, beaucoup de brochures fantaisistes circulaient, des colporteurs proposaient contre un dollar quelques feuilles où voisinaient conseils médicaux, astrologie et cartes aussi farfelues les unes que les autres. Devant la prolifération de publications aussi erronées, le ministère de la Guerre apporta sa caution officielle au travail d'un officier, Randolph B. Marcy, cartographe, guide et responsable de cinq expéditions dans l'Ouest. *Le Voyageur des Prairies, guide pour les expéditions à travers le continent* fut réédité de nombreuses fois et la qualité de l'ouvrage de Marcy peut se juger aux compilations et contrefaçons en tout genre dont il fut l'objet.

Les candidats au poste de « capitaine » distribuent généreusement whisky et poignées de main

Un convoi comprend plusieurs centaines d'individus, quelquefois jusqu'à un millier – des familles, des célibataires – qui doivent cohabiter pendant de longs mois. Véritable microsociété, le convoi connaît des conflits de tous ordres qu'il faut résoudre en l'absence de pouvoirs coercitifs et de lois, puisqu'il se déplace dans des territoires qui ne sont soumis à aucune juridiction. Avant le départ, il est donc nécessaire de choisir un responsable et d'établir une sorte de contrat social pour la durée de l'expédition.

L'élection du « capitaine », le chef du convoi, revêt une certaine solennité. Après s'être fait connaître, le candidat engage une véritable campagne auprès des hommes, seuls possesseurs du droit de vote. On cherche des appuis, on visite chaque famille, l'habitude veut que l'on expose ses qualités, enfin le whisky aide toujours les indécis à prendre position. Elu à la majorité absolue, le capitaine est respecté et on lui doit obéissance. Il s'entoure d'assesseurs et, en cas d'affaire grave, vol ou meurtre, il constitue un jury chargé d'appliquer la loi.

Confrontés à un nouvel environnement, les pionniers se chargent par précaution des remèdes traditionnels de leur région. La pharmacopée repose sur un choix varié de plantes qui entrent dans la fabrication de tisanes, d'onguents et de cataplasmes.

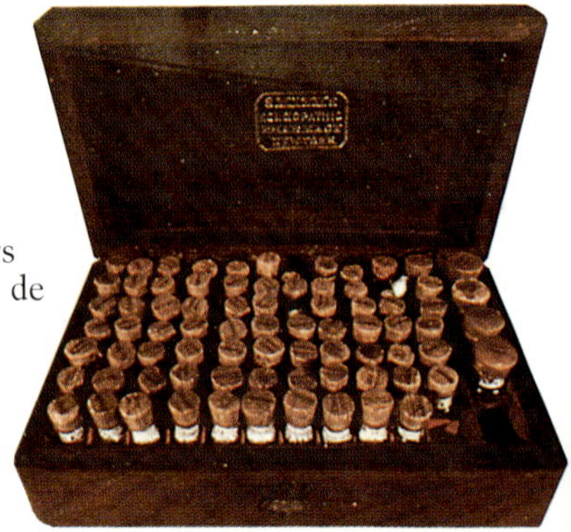

Le convoi démarre dans le grincement des essieux et le beuglement des animaux

A peine effacée la silhouette des cabanes d'Independence, les pionniers découvrent le quotidien d'un voyage de plusieurs mois, et d'abord le bruit effroyable de dizaines de chariots cahotant dans les ornières. Il reste peu de place à l'intérieur, car ils sont chargés au maximum, et l'on suit à pied dans la poussière et la

chaleur. En effet, les départs ont lieu en mai ou en juin, afin d'éviter les Rocheuses pendant la mauvaise saison. Quant à la célèbre piste, elle se résume aux traces de roues ; au fur et à mesure qu'on avance, des objets, meubles et autres, dont se sont débarrassés les émigrants, des carcasses de chariots et, surtout, d'innombrables tombes la jalonnent. Un pionnier affirmait qu'il y avait des tombes tous les cent mètres. Vingt à trente mille émigrants succombèrent au cours de ce voyage... Les vieillards et les jeunes enfants supportent mal la dureté du voyage, la nourriture avariée et la fatigue ; loups et coyotes accompagnent le convoi, attendant leur pâture.

La rencontre d'Indiens fait, parfois, oublier la monotonie du trajet. Les rumeurs les plus folles courent à leur sujet, mais, de fait, ils ne se hasardent jamais à attaquer des hommes protégés par cette imposante palissade de chariots. Les Indiens viennent échanger des peaux, parfois un peu de viande de bison, ou mendier du café, de l'alcool, de vieux vêtements, des morceaux de fer. Certains attendent les pionniers au passage des grosses rivières, les aident à traverser sur des radeaux et reçoivent de la poudre ou de la

A partir de 1837, la succession des crises agricoles contribue à chasser les fermiers les plus pauvres. Certains s'aventurent au « pays des trappeurs », dans l'Oregon. En 1840, l'avocat William Gilpin se rend à Willamette, au cœur de l'Oregon, où voisinent colons et trappeurs. Bouleversé par la détermination des pionniers et fasciné par la richesse de la contrée, Gilpin publie à son retour des articles dans lesquels le lyrisme dépasse la réalité et il contribue ainsi à la « fièvre de l'Oregon ». Gilpin cite Benjamin Franklin, qui affirmait : « La grande affaire de ce pays, c'est l'agriculture. »

nourriture en remerciement. Malgré tout, il vaut mieux se déplacer à l'ombre d'un convoi ; les isolés ou les traînards risquent une mauvaise rencontre, tant des Indiens que des trappeurs, et plus tard des bandes de pillards, cow-boys ou soldats en rupture de ban. Le soir, on prend ses précautions en rangeant les chariots en cercle, le corral, avec les bêtes au milieu ; on arrime les véhicules avec des chaînes et on monte la garde toute la nuit. Il faut se protéger des Indiens, mais aussi des hors-la-loi et des animaux errant à travers la Prairie.

Inventée en 1839, la photographie jalonne l'histoire de l'Ouest. Les photographes suivent les pas des explorateurs et des militaires.

« Du repos pour le bétail, un jour de chasse pour les hommes, un jour de lessive pour les femmes »

Voilà le programme des jours de pause : le quotidien de la piste ne va en rien bouleverser la division des tâches familiales. L'homme mène l'attelage, sa compagne surveille les

En 1851, l'invention du tirage sur papier multiplie les possibilités des artistes. Avec une chambre noire tirée par des chevaux, ils se hasardent partout. Certains s'installent dans les premières villes et se font apothicaires ou libraires tout en exerçant ce nouvel art. Butcher fixe les colons du Nebraska, Savage ceux du Kansas. D'autres se passionnent pour les cow-boys.

enfants, qui courent derrière le chariot, ou cueille des fruits sauvages avec ses filles. Les hommes ne s'engagent pas dans une pareille aventure sans un arsenal important. Ils affichent leur virilité en brandissant une arme. Les femmes s'inquiètent de la prolifération d'un équipement bien étranger à certains : Lucy Cooke déplore que « [son] mari William porte une paire de pistolets et un large couteau à la ceinture ». « J'espère qu'il ne va pas se blesser avec », dit-elle. Ces armes servent avant tout à parader et à chasser.

On s'arrête toujours non loin d'un point d'eau, les femmes lavent le linge et l'étendent sur l'herbe. Elles ne connaissent aucun moment de répit. En fin d'après-midi, à la dernière halte, les hommes s'allongent, commentent la journée, fument, jouent aux cartes pendant que les femmes établissent le bivouac, allument le feu pour le dîner. Après le repas, elles accommodent les fruits collectés dans la journée, cuisent le pain pour le lendemain. A la veillée, elles réparent des vêtements ou tricotent. Le matin, levée avant sa

Image idyllique de la marche vers l'Ouest : l'avance paisible d'un convoi à travers les grands espaces. Longtemps, les marches frontalières, la *Wilderness* des Américains, sont perçues comme une opportunité de contact entre la colonisation agricole et la forêt où les colons perdent leur âme et leur moralité. William Darby, dans son *Emigrant's Guide* de 1818, affirme que les hommes de l'Ouest évoquent « les tout premiers âges de la vie sur terre et les toutes premières lueurs du progrès humain ».

famille, la mère prépare un déjeuner chaud. La cuisine prend beaucoup de temps et demeure une tâche délicate dans la mesure où elle se pratique sur un feu de bois, sensible aux aléas du climat. Même le jour du sabbat, la femme se consacre à des travaux domestiques.

Les hommes préfèrent abandonner un meuble plutôt qu'une barrique de whisky

Avec les épreuves du voyage, des tensions naissent au sein de la communauté. Certains abandonnent le convoi, d'autres se disputent, l'anxiété, la fatigue attisent les rivalités. Quant à l'alcool, il reste un fléau contre lequel le capitaine renonce à lutter. Dans les forts, on n'oublie pas de se réapprovisionner et les rixes sont fréquentes, dégénérant parfois au couteau ou au pistolet. En cas de meurtre, quelles que soient les circonstances, le jury du tribunal se prononce pour la peine capitale, exécutée dans l'heure qui suit. Malgré la violence endémique, les jurons et les affrontements inévitables, la communauté apprend

Le lieutenant James Carleton, en poste en 1845 dans un petit fort de l'Ouest, exprime ainsi les sentiments qu'il éprouve au passage des convois : « Il était magnifique de contempler l'avance d'un convoi. Les chariots au sommet blanc, la ligne de bétail, les cavaliers sur chaque flanc avec leur fusil, les conducteurs avec leur gros fouet, tous avançaient lentement, de telle sorte que lorsqu'on les voyait de loin, il semblait qu'ils étaient unis et se propulsaient avec la même puissance. »

à s'organiser et l'égoïsme s'efface devant la solidarité. Au bout de quelques semaines, le convoi adopte un rythme de vie, des liens se nouent entre les familles et sous la lune de la Prairie s'ébauchent des idylles.

Pour traverser la rivière de la Platte, les chariots se transforment parfois en radeaux

Deux semaines après le départ, les voyageurs découvrent la Platte River, souvent un filet d'eau boueux entre les rives de grès. Dans les premiers temps, la faune demeure abondante ; antilopes, coyotes et même grizzlis voient passer les lents convois. Les enfants adorent poursuivre les « chiens de prairie » et saccager leurs terriers. Les bisons encore nombreux apportent de la viande fraîche et les bouses des bêtes servent de combustible. Au confluent des bras sud et nord de la Platte, il faut traverser le bras sud pour longer la piste. Si la profondeur de l'eau le permet, on utilise le chariot comme radeau. Ensuite, la piste devient beaucoup plus escarpée, montées et descentes se succèdent, mettant à rude épreuve les hommes et les animaux.

Avant l'épuisante ascension des montagnes Rocheuses, on grave ses initiales dans le granit d'Independence Rock, le grand livre du désert

Un mois et demi après avoir quitté le Missouri, les équipages atteignent Fort Laramie : il leur reste encore à parcourir 2 000 kilomètres. A la belle saison, le fort ressemble à un véritable caravansérail. Tous les pionniers s'affairent à réparer les chariots, à ferrer les bêtes, les femmes étendent la lessive par terre, trappeurs et Indiens font du troc ou proposent leurs services pour la traversée des Rocheuses.

Quelques jours après avoir quitté le fort, on campe sur les bords de la Sweetwater, auprès de l'Independence Rock, dernier jalon avant les montagnes. La montée dans les Rocheuses voit s'alléger les chariots, la piste s'encombre du dernier meuble, de l'ultime fourneau et même de sacs de farine. La fatigue, le découragement,

Former le corral est le rituel du soir. Les pionniers adoptent la méthode des marchands de fourrures de la piste de Santa Fe. L'enclos avec sentinelles décourage toute attaque et évite la dispersion du bétail. Le corral réunit l'ensemble de la communauté et offre des soirées animées. Les nuits sont ponctuées des coups de fusil que la nervosité engendre chez les veilleurs.

Rivières ou fleuves constituent un obstacle délicat à franchir. Pour passer à gué, on double les attelages ; si les eaux sont trop hautes, il faut transformer le chariot en radeau. On démonte les roues, puis on imperméabilise la caisse en la recouvrant de peaux de bison. Quelquefois, le courant entraîne le bateau de fortune, provoquant la panique et des noyades. Un autre souci est de faire traverser le bétail.

rendent l'ascension très pénible. Une fois atteinte la South Pass, on descend vers le Pacifique.

De gorge en ravin, les chariots cahotent dans le brouillard. « Il fallait abattre et dégager les arbres pour [les] faire passer », écrira plus tard Jeffe Applegate, qui participa à l'age de sept ans à la Grande Émigration de 1843. Après les Blue Mountains, le choix s'offre entre la descente de la rivière Columbia et la poursuite de l'itinéraire à travers la chaîne des cascades. Souvent à la limite de l'épuisement, les pionniers s'embarquent sur des radeaux conduits par des Indiens. Hérissée de rapides, capricieuse, la Columbia surprend le voyageur imprudent ou mal assis et les noyades sont fréquentes. Après avoir vaincu la chaleur des plaines, le froid des Rocheuses, la faim, les survivants contemplent le fort de Walla Walla, la porte de l'Oregon ; ils touchent enfin à la Terre promise.

Propreté et sérénité dominent cette scène champêtre sur la piste. La réalité a un visage plus sévère, surtout pour les femmes. Jusqu'en 1840, les femmes représentent 15 à 20 % des immigrants ; en 1852, un journaliste présent note : « Le fait marquant cette année est le grand nombre de femmes par la route de terre. »

« Adieu l'Amérique, salut le Nouveau Monde ! », aurait lancé l'un des pionniers du premier convoi qui atteignit l'Oregon en novembre 1843

Les missionnaires sont heureux d'accueillir une autre compagnie que celle des Indiens ou des trappeurs « moitié Indiens, moitié métis ». Sur place, le terme de pionnier n'est pas usurpé. A part les lopins de terre autour des missions et des forts de la Compagnie de la baie d'Hudson, aucun champ n'existe ; partout règnent la forêt ou des prairies touffues. La hache va longtemps demeurer le seul outil du pionnier. La terre est libre, mais encore faut-il s'installer sur la meilleure ! Au fur et à mesure que les convois déversent leurs flots

Selon un journaliste de l'époque, « ce pays est tout juste bon pour les hommes et les chiens, mais c'est l'enfer pour les femmes et les chevaux ». Le rôle de la femme dans la conquête de l'Ouest est maintenant mis en valeur ; des historiens reprennent la phrase de Tocqueville : « La puissance de ce pays (...) est dûe à la supériorité de ses femmes. »

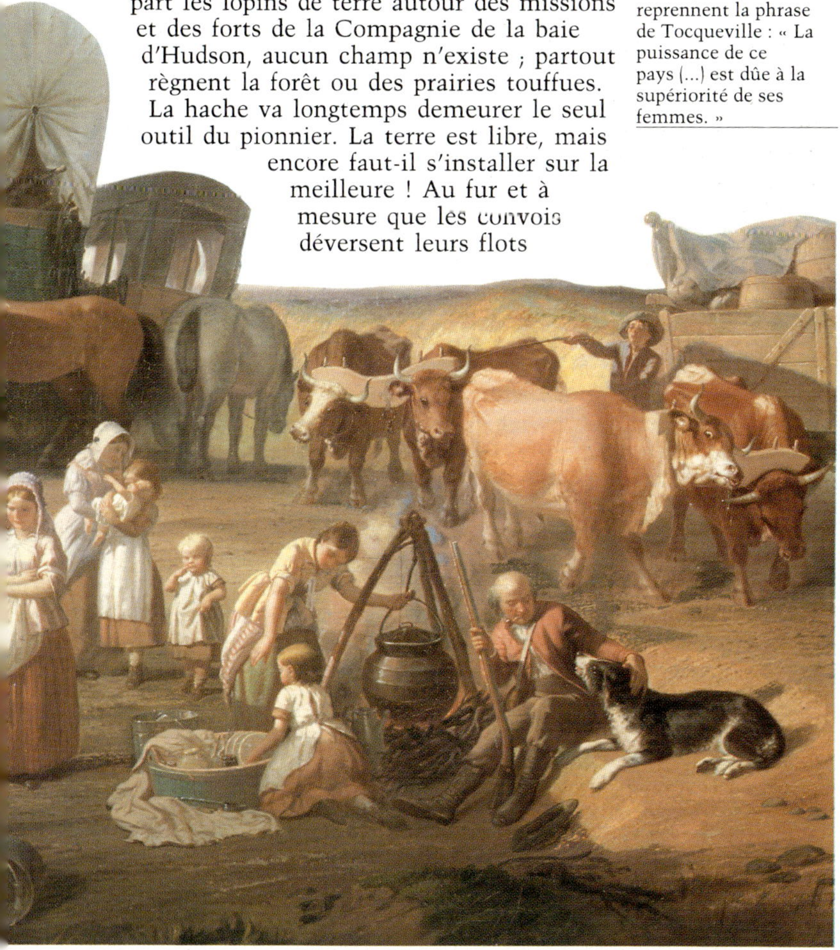

d'immigrants, les bonnes parcelles se font rares. Au terme de la piste interminable, la découverte du nouvel environnement n'entraîne pas toujours l'euphorie. Assurément, l'Oregon demeure le « meilleur pays du monde pour tous les gens pauvres », au dire des journalistes, mais, à l'automne, il pleut des semaines entières et les familles vivent dans leur chariot en attendant que les hommes abattent les dizaines d'arbres nécessaires à la construction d'une maison. Quant aux mères et à leurs filles, elles sont cantonnées dans les tâches domestiques. On s'entraide, mais le dépaysement et l'isolement restent difficiles à supporter.

Pour ce qui est de la nourriture, on pare au plus pressé. Les hommes ont peu de temps pour chasser ; de toute façon, le sous-bois spongieux est impraticable. Pour satisfaire les besoins les plus fondamentaux, pour se nourrir comme pour acheter des outils, on s'endette auprès d'un fort. En fait, les pionniers sont obligés de se satisfaire de solutions de fortune : ils tentent de récupérer le fer des chariots, fabriquent des vêtements avec la toile de bâche et vivent frugalement pendant d'interminables mois.

Les premières récoltes permettent le troc, car l'argent ne circule pas en ces lieux et les prix

Partout à la même époque, la division des tâches est fortement marquée. Dans l'Ouest peut-être plus qu'ailleurs, l'idéal de virilité se confond avec la force physique. Les jeunes garçons, très tôt, se trouvent contraints à des tâches éprouvantes. Dans l'Oregon et en Californie, on se préoccupera, surtout par mesure de discipline sociale, d'encadrer ou de scolariser les enfants. Mais bien des fermiers auront besoin de main-d'œuvre et préféreront voir leur fils guider un train de labour plutôt qu'ânonner sur les bancs de l'école.

prohibitifs empêchent la moindre fantaisie. Dans les bourgades de la côte, tout se vend cinq à six fois plus cher que dans l'Est, quand on trouve quelque chose à acheter ! Mais la fertilité du sol et le climat océanique récompensent le pionnier opiniâtre ; en quelques années la clairière défrichée offre de belles récoltes, ce qui est loin d'être le cas dans les plaines.

Afin de s'attirer la considération des Américains et des membres de leur communauté éloignés de la Nouvelle Jérusalem, les mormons se plaisent à diffuser une image paradisiaque de leur cité et mettent en valeur leurs réalisations agricoles.

Le paradis est toujours plus à l'ouest, sauf pour les mormons, qui l'ont découvert auprès d'un immense lac salé

Dans l'Ouest, certains courent après les richesses, d'autres après le salut éternel. Fondée en 1830 par Joseph Smith, la secte des mormons a été chassée de l'Ohio, de l'Illinois et du Missouri. L'église de Jésus-Christ, appelée aussi les « saints des derniers jours », prêche le renoncement à tout droit individuel et le dévouement à la collectivité,

Regard impassible, visage déterminé, Brigham Young apparaît plus comme un chef d'entreprise que comme un exalté ou un mystique. Neuvième enfant d'une famille pauvre du Vermont, le jeune garçon tente sa chance à New York, où il découvre le *Livre de Mormon*. Après s'être converti en 1832, il rencontre le fondateur de la secte, Joseph Smith, qui le charge de prosélytisme au Canada puis dans l'Illinois. Young s'engage avec les « saints » vers l'Ouest. La légende raconte qu'en voyant la Salt Lake Valley, le 24 juillet 1847, il s'exclame : « Voici l'endroit où sera construite la nouvelle église ! »

tandis que le « saint », en contrepartie, est assuré de vivre dans la cité de Dieu sur terre et, un jour, de trouver place près du Seigneur.

La forme de « communisme primitif » soutenue par Smith va à l'encontre des valeurs et de l'individualisme des Américains. Smith est tué par des miliciens dans l'Illinois en juin 1844. En 1846, exaspéré par les persécutions, son successeur, Brigham Young, décide de partir à la recherche de la Terre promise. Après une préparation minutieuse, les mormons parcourent les 2 250 kilomètres qui séparent l'Illinois de la vallée du Lac Salé. L'absence d'arbres rebute les voyageurs qui traversent les plaines et, avant les années 1860, peu de familles songent à s'y arrêter. Le mythe du Grand Désert imprègne encore les esprits pour un temps...

Young prend très vite place au sein de la jeune colonie. Il entreprend de développer le télégraphe et le chemin de fer dans le territoire de l'Utah. Par un travail acharné, une excellente organisation et l'afflux permanent d'immigrants d'Europe, les mormons transformeront l'Utah, construisant un système d'irrigation remarquable en tenant compte du relief et de l'érosion. En 1865 ils réalisent deux cent soixante-dix-sept grands canaux, et 60 000 hectares arides sont fertilisés. Ils établissent également des scieries, des moulins, des forges. Ils vivent en autarcie complète. Brigham Young a de grandes ambitions pour le peuple des « saints » ; il convoite les territoires voisins de l'Utah.

Mais, en 1850, le Congrès refuse d'admettre le nouvel Etat dans l'Union, en raison des exigences de Young. De plus, la polygamie, que pratiquent depuis peu les mormons, n'est pas de nature à apaiser les critiques de l'opinion publique à l'égard de cette communauté. Au cours des dernières années, les mormons ont gagné beaucoup d'argent en procurant des vivres aux pionniers en route vers la Californie. Depuis 1857, des postes militaires jalonnent la piste des pionniers sur leur territoire, contre leur gré. Parmi les « saints », tous ne sont pas favorables à un affrontement,

Un patriarche entouré de sa nombreuse famille. La polygamie ne devient une doctrine officielle chez les mormons qu'en 1852 et seuls des hommes qui ont prouvé leurs qualités peuvent accéder au « principe de pluralité », selon l'expression de l'époque.

mais Young a juré d'« envoyer ses ennemis en enfer ». A Mountain Meadows, un groupe d'Indiens et de mormons massacre cent vingt émigrants pendant l'automne 1857. La guerre des mormons commence. Elle se résume à une politique de la terre brûlée, les « saints » créant un désert devant l'armée fédérale tout en évitant les contacts et, au printemps, un compromis est signé. Le courage des mormons a fortement impressionné les Américains ; le président Buchanan oublie l'incident et Young accepte le nouveau gouverneur.

Pour certains, la polygamie évite l'adultère et la prostitution, d'autres affirment qu'elle était courante chez les premiers chrétiens. Cette pratique souleva une réprobation générale et la presse caricatura Young avec ses vingt-cinq femmes et ses cinquante-sept enfants.

La terre des saints

La migration des mormons offre l'exemple d'une odyssée religieuse sans pareille. Les pèlerins se lancent vers l'inconnu, enflammés par les sermons de Brigham Young, « ils viennent à pied avec des charrettes à bras ou des brouettes ». Certains suivent les conseils du prédicateur et fabriquent, en 1856, à Iowa City, de petites charrettes. Au bout de quelques semaines de voyage, sous le poids des charges, avec l'usure et la chaleur, elles se brisent. Des pèlerins meurent d'épuisement, mais la plupart survivent et finissent par atteindre la cité sainte. D'autres sectes religieuses, en proie à la persécution ou désireuses de se soustraire au conformisme local, choisissent de vivre leur foi dans des territoires frontaliers.

L'Ouest, laboratoire d'utopies

Les épreuves du voyage fonctionnent comme un rite de passage, une ultime étape pendant laquelle on se libère des dernières impuretés. Les mormons trouvent à l'Ouest un refuge où ils souhaitent organiser une nouvelle société. Les immenses territoires, éloignés des sociétés et de l'Etat, fascinent les penseurs du XIXe siècle. La misère ouvrière et les changements sociaux apportés par la révolution industrielle sont à l'origine du développement d'un courant socialiste. Des intellectuels, Robert Owen, Fourier, pensent qu'il faut mettre en pratique un nouveau type d'organisation sociale. L'Ouest attire aussi les utopistes qui espèrent prouver qu'une communauté harmonieuse donnera un jour naissance à un autre modèle de relations. Josiah Warren, s'inspirant des idées d'Owen, fonde New Harmony dans l'Indiana. Une dizaine de colonies fouriéristes prospèrent dans le Texas, dont la plus célèbre est Réunion, où vécut Victor Considérant.

Le Homestead Act de 1862 : en pleine guerre civile, des politiciens se préoccupent de l'avenir des territoires de l'Ouest

L'établissement de colons blancs serait en effet un rempart à la progression de l'esclavage. Déjà, en 1855, dans le Kansas, des violences ont opposé les antiesclavagistes à leur ennemis. D'autres, inquiets du nombre toujours croissant de pauvres immigrants et de miséreux, voient dans la distribution gratuite de terres la solution à l'indigence et à l'oisiveté qui caractérisent les classes populaires de l'Est. Au Congrès, les représentants des populations de l'Ouest se feront, trente années durant, les ardents défenseurs des intérêts des colons auprès des autorités fédérales.

En mai 1862, on vote le Homestead Act : tout chef de famille peut acquérir gratuitement 160 acres de terre sur le domaine public, au bout de cinq ans de résidence continue et après

La jeunesse du Nebraska pose devant une maison en mottes de terre. On savoure des pastèques, on joue aux cartes, le fusil sur les genoux, mais les jeunes filles sont absentes. Jusque dans les années 1870-1880, l'immense océan d'herbe est peu engageant. Dans le Dakota, le Nebraska et le Kansas, le blizzard polaire succède aux terribles sécheresses de l'été ; la grêle, le feu ou les sauterelles anéantissent les maigres récoltes.

paiement des droits d'enregistrement, soit 30 dollars. Six mois à peine après le vote, 90 000 hectares sont lotis dans le Kansas et le Nebraska... Les spéculateurs sont en faillite, les philanthropes jubilent.

Pas pour longtemps, car les Pacific Railways Acts, entre 1862 et 1864, vont transformer les compagnies de chemin de fer en seigneurs de la propriété foncière dans l'Ouest, avec l'aide du General Land Office, le bureau du cadastre, dont la corruption n'a d'égale que sa docilité à l'égard des compagnies. Le cadastre distribue généreusement des parcelles sur des terres impossibles à cultiver, réservant les meilleures aux compagnies, qui les vendent ou les hypothèquent.

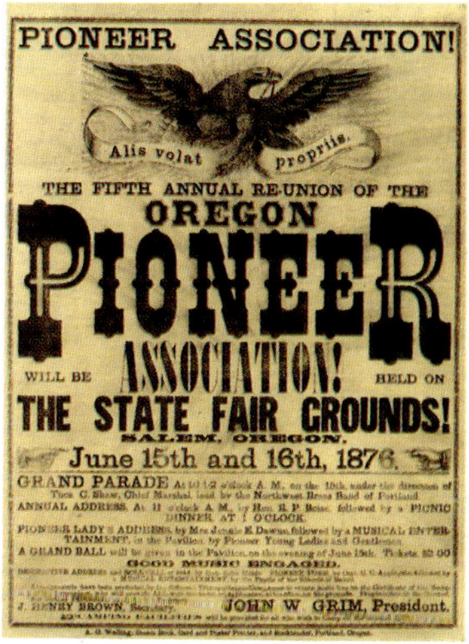

La devise écrite près de l'aigle sur l'affiche (« Nous volons de nos propres ailes ») est tout un symbole, elle est le rêve des fermiers de l'Ouest : s'affranchir des tarifs imposés par les chemins de fer, se libérer des banques ou de la suspicion des fonctionnaires, avoir un contrôle sur les prix à la production. Autant de thèmes qui mobilisent la majorité des fermiers. Benton est le premier à faire admettre que le prix de la terre soit proportionnel à sa qualité. En 1841, une loi attribue à tout colon, pour une somme modique, une propriété de 65 hectares. Malgré les lois, l'Ouest conserve la tradition du « premier arrivé » sur une terre.

La liberté dans l'Ouest dépend du bon vouloir des spéculateurs, mais des slogans prometteurs masquent la réalité

Cependant le mythe du désert prévaut encore, et il va falloir des campagnes audacieuses et des progrès techniques décisifs pour briser les hésitations encore bien tenaces.

En 1867, le directeur du bureau de recherches géologiques, Ferdinand V. Hayden, détruit l'image du Grand Désert en affirmant que le peuplement des régions provoque la plantation d'arbres et, par conséquent, accentue l'humidité. Quatre ans plus

Les Suédois et les Norvégiens envahissent le Minnesota, les Allemands s'installent au Kansas et dans le Nebraska. D'autres territoires se peuplent de paysans scandinaves, d'ouvriers de la côte est ou d'Italiens et de Slaves peu empressés de rejoindre le prolétariat misérable de Pittsburg ou de Detroit.

tard, des politiciens, Samuel Aughey, Charles Wibber, vulgarisent les idées de Hayden. Ils lancent le slogan « la pluie suit la charrue » et persuadent les immigrants de la fertilité des sols. Les murs des gares de Suède, de Hollande, de Norvège et d'Allemagne se couvrent d'affiches, promettant des terres et des maisons à ceux qui n'en ont pas...

La colonisation reprend de plus belle. Le 22 avril 1889, au signal des militaires, plusieurs centaines de colons envahissent dans une course folle le territoire indien de l'Oklahoma. Les dernières terres libres s'évanouissent...

La première course en quête des ultimes terres libres réunit de cinquante mille à soixante mille colons, le 22 avril 1880, sur la frontière de l'Oklahoma. Ce dernier îlot préservé disparaît. En 1830, le gouvernement américain avait offert « tant que le soleil brillera et que l'herbe poussera » un vaste territoire aux Cherokees et aux Choctaws, en remplacement de leurs territoires des Appalaches, où l'on vient de découvrir de l'or. Par la suite, le gouvernement prit l'habitude de cantonner des tribus vaincues sur des réserves dans le même Oklahoma tout en l'interdisant au peuplement blanc. La grande course de l'Oklahoma marque la fin d'une époque et le cinéma a souvent porté à l'écran l'événement.

LIVERY

Toute la nation américaine est haletante à l'approche du 5 avril 1860. A Saint Joseph, sur les bords du Missouri, la foule a envahi les quais de

la gare. Elle n'a d'yeux que pour un jeune homme, Johnny, qui, nerveux, ne cesse de tourner les rênes de son magnifique alezan. Dans

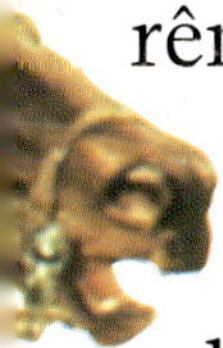

un nuage de vapeur, le train s'arrête. Johnny s'empare du sac de courrier : trois mille kilomètres attendent le premier courrier du Pony Express !

CHAPITRE III

LA CONQUÊTE DE L'ESPACE

Le 27 janvier 1860, William Russel télégraphie à son fils John : « J'ai décidé de créer un Pony Express vers Sacramento, Californie, départ le 3 avril. Temps : dix jours. » Le pari sera tenu, et les délais respectés.

Dix jours et demi plus tard, Sacramento accueille, sous les feux d'artifice, un héros barbu et couvert de poussière. L'exploit de Johnny Frey illustre la nécessité de liaisons rapides et régulières entre la Californie et le reste du continent.

L'isolement dans lequel se trouvait la Californie depuis la ruée vers l'or paraissait insupportable à l'opinion publique

Le 24 janvier 1848, John Marshall découvre de l'or en Californie du Nord. La nouvelle bouleverse la vie de tous les Californiens ; au mois d'août l'hystérie gagne la côte est. Des hommes abandonnent leur famille et se lancent à travers le continent. Par la piste de Santa Fe ou celle de l'Oregon, on ne compte que cinq mois de voyage, mais l'individualisme qui caractérise les chercheurs d'or les empêche de se regrouper en convois organisés, ce qui rend la traversée plus dangereuse. Certains passent par le cap Horn et préfèrent affronter six ou huit mois de mer pour rejoindre le « Golden State ». Le voyage est plus court en passant par l'isthme de Panama, mais la fièvre jaune et le choléra font des ravages.

Sur les talons des chercheurs d'or se précipitent les filles de joie, les joueurs professionnels, les aventuriers en tout genre. « La recherche de l'or est une grande loterie de la Nature. Un homme peut fort bien travailler de nombreux mois dans une concession et se retrouver à la fin de cette période plus pauvre qu'au départ », et bien souvent les grammes d'or trouvés fondaient dans les bars de Monterey Street à San Francisco. La folie du métal précieux avait contribué à l'essor démographique et économique de la région : de vingt mille habitants, la population passe à plus de cent mille pour atteindre deux cent cinquante mille en 1852. Une fois la fièvre retombée, beaucoup abandonnent l'idée de rentrer dans leur foyer ou dans leur région d'origine, la Californie bénéficiant ainsi d'une main-d'œuvre abondante et souvent qualifiée. Les habitants de la Californie et de l'Oregon se veulent Américains à part entière mais ils se sentent délaissés. Séparés du « cœur de

Après un mariage malheureux et des déboires en affaires, le Suisse John Suter s'embarque pour la Californie en 1839. Il obtient du gouverneur espagnol une propriété dans la vallée du Sacramento, où il fonde la Nouvelle Helvétie. Elle prospère avec le commerce de la fourrure et l'élevage. Dans le bief d'une scierie hydraulique à Coloma, John Marshall, un employé de Suter, ramasse des pépites d'or en janvier 1848. La nouvelle se répand à travers le pays et des dizaines de camps essaiment dans le « filon mère ». En quelques semaines, la communauté est envahie et saccagée. L'or ruine Suter, qui se réfugie dans l'Oregon.

la nation » par des espaces désertiques, ils souhaitent recevoir des nouvelles, courriers et télégrammes, de l'Est.

En 1856, une pétition de 75 000 signatures demande au Congrès une liaison postale par la South Pass

Dans les projets présentés, on retient celui de John Butterfield et William G. Fargo, qui est non pas le plus direct (partant de New York, il descend jusqu'à El Paso, puis Fort Yuma, avant de remonter vers San Francisco), mais le plus sûr. La Butterfield Overland Mail est autorisée à transporter, à partir de Tipton dans le Missouri, du courrier et neuf passagers. Le choix du véhicule se porte sur une lourde diligence montée sur de grandes roues, capable de passer les gués et fabriquée à Concord

Dans l'Est, la diligence entre dans la routine du transport. Dans l'Ouest, c'est l'aventure, dont la caricature et le cinéma se sont emparés. La poussière, l'inconfort, la chaleur, le brouet des relais constituent une épreuve mémorable ; d'ailleurs le surnom de la diligence, « wagon de boue », est à lui seul explicite.

(New Hampshire) d'où son nom, *Concord Coach*. Sans incident, on compte une vingtaine de jours de voyage. Tous les 200 milles est prévu le changement d'attelage dans une poste où, le soir,

on s'installe tant bien que mal. Une excellente santé, des reins en acier, un estomac solide et beaucoup de courage sont nécessaires aux passagers, ballottés dans la poussière et la sueur pendant des heures. Aux étapes, on consomme des brouets indigestes à des prix défiant les meilleurs palaces new-yorkais. Le parcours peut s'agrémenter de rencontres plus ou moins imprévues : les Comanches vous suivent pendant des heures en utilisant la diligence comme cible, ou encore des bandes de Mexicains coupent la route et rançonnent équipage et passagers. Les groupes de hors-la-loi, les *outlaws,* recherchent surtout les diligences de la Wells Fargo chargées de collecter l'or des mineurs, qui sillonnent depuis 1852 toute la Californie et les Rocheuses. Les équipages, recrutés avec soin, se composent d'excellents tireurs, et plus d'un «bandit amateur» est mort une balle dans la tête.

Le recrutement des artisans du Pony Express était sévèrement contrôlé. Les hommes devaient être jeunes et légers, ils signaient l'engagement de ne pas consommer d'alcool et de se conduire correctement en toutes circonstances. En ce qui concerne les animaux, on choisissait des chevaux indiens, mustangs ou cayuses, en raison de leur légèreté et de leur résistance. En outre, ces bêtes étaient capables de galoper, grâce à leurs larges sabots, sur un sol rocailleux ou sablonneux.

L'exploit des cavaliers du Pony Express : Saint Joseph-San Francisco en dix jours

Le danger aussi guette les préposés du Pony Express, dont la création remonte à avril 1860. La lenteur des grosses diligences et l'absence de liaison dans le Nord conduisirent un marchand entreprenant du Missouri, Alexander Majors, à s'associer avec deux habitués des Plaines, William H. Russel et William B. Waddell, pour créer une ligne rapide. L'équipe avait de l'expérience : depuis cinq ans, elle faisait fonctionner un réseau de chariots par l'Oregon Trail ; ceux-ci apportaient le ravitaillement de l'armée, du matériel pour les mineurs, des armes et des objets manufacturés. Russell et Waddel décidèrent de relier Saint Joseph à San Francisco « à un train d'enfer », soit en dix jours. Chaque cavalier parcourait 60 à 80 miles par jour, la *mochila,* le sac de courrier, accrochée à la selle. Malgré les intempéries et les risques, les hommes, triés sur le volet, galopaient.

L'entreprise avait demandé la construction de cent quatre-vingt-dix postes et la sélection de cinq cents chevaux pour les différents relais. L'exploit

Environ quatre cents garçons travaillèrent pour le Pony Express. Certains abandonnent après une course ou deux, une fois empochés les 100 dollars ; d'autres, les plus célèbres, se plaisent à battre des records. Il est vrai que les clients les aident en distribuant des primes. Le public se passionne pour les jeunes cavaliers mais, avec la routine, la fièvre retombe, sauf si l'un d'eux n'est pas au rendez-vous !

enthousiasma la presse mais ne remplit pas les poches des investisseurs ; trop peu de lettres circulaient – environ trois cents par courrier –, et le coût en était fort élevé. De plus, le gouvernement venait d'autoriser deux compagnies à commencer les travaux d'installation du télégraphe. En octobre 1841, l'Est et l'Ouest communiquaient en quelques secondes et le Pony Express entrait dans la légende.

C'est par le Pony Express que les habitants de la côte est apprendront l'élection de Lincoln en novembre 1860 !

La mafia du rail s'organise

La technique arrivait dans l'Ouest, elle s'avérait nécessaire à la maîtrise de l'espace. Beaucoup d'hommes d'affaires et de politiciens estiment, dans les années 1850, que les effroyables difficultés de déplacement dans l'Ouest constituent un frein au peuplement et à la mise en valeur de la région.

En janvier 1845, un riche commerçant de New York, Asa Whitney, avait déposé au Congrès une demande de concession de terres, du lac Michigan à la Californie, d'une largeur de 90 kilomètres sur tout le parcours, afin de financer un chemin de fer. Il avait même commencé une campagne de publicité dans la presse locale lorsque le Congrès rejeta la proposition. Bien des sénateurs pensaient qu'une telle affaire engloutirait des millions de dollars sans pour autant être rentable.

Mais, sous la pression de l'opinion et d'hommes déterminés, on avait tout de même, en 1853, fait prospecter par des équipes de militaires les routes où pourrait éventuellement se poser la trace du « cheval de fer ». Le foisonnement des lignes dans l'Est ne facilitait pas les choses : des promoteurs avaient construit dans les années 1850 un réseau qui courait dans tous les sens et se hasardait même au-delà du Mississippi jusqu'à Council Bluffs (Iowa). Tout au long du « Père des fleuves », le chemin de fer se développait et avec lui la spéculation foncière, car, dès 1850, le Congrès laissait les Etats accorder de vastes parcelles du domaine public aux « généreux promoteurs », une bonne habitude qui ne pouvait que stimuler les entrepreneurs.

Ingénieur brillant, Theodore D. Judah se fait remarquer lors de la construction de la voie ferrée des gorges du Niagara. En 1854, on lui propose d'établir le tracé d'une voie en Californie. Il travaille sur le terrain, fait pendant des mois des relevés topographiques dans les Rocheuses et propose un « plan possible pour la construction du chemin de fer du Pacifique ».

Le transcontinental n'est pas une voie en acier, mais en or

La construction d'un chemin de fer transcontinental engageait des sommes considérables et comportait des prouesses techniques qui pouvaient atténuer l'ardeur d'un manager. Pourtant la générosité du Congrès finit par convaincre les « barons de l'Ouest ». La ténacité des jeunes ingénieurs jouera aussi un

Tiré par ses deux locomotives,
escalade à une allure de tortu
montagnes Rocheuses. Implan
d'une lenteur désespérante et n
ne grignoter la plupart du t

Les esclaves du chemin de fer

Chapeau de paille de riz, costume traditionnel, la main-d'œuvre chinoise s'active autour du Central Pacific dans les sierras en 1877. Dès les années 1850, il existe un courant migratoire chinois vers la Californie. Les immigrants souhaitent réunir un petit pécule et retourner « sur la terre des ancêtres » à l'abri des famines endémiques. Depuis le succès du premier transcontinental, la sobriété, l'abnégation et le sérieux des travailleurs chinois ont conduit les employeurs à les préférer pour les grands travaux, qui avancent avec une telle célérité que la Compagnie dépêche en Chine des agents de recrutement. Ces derniers s'entendent avec des marchands de Canton et, par un système de crédit habile, font passer en Californie des milliers de paysans pauvres.

La percée des Rocheuses

Partis de Sacramento en janvier 1863, les travaux du Central Pacific vont bon train malgré les difficultés financières, les crédits se faisant parfois attendre. Au printemps 1865, ingénieurs et ouvriers connaissent un moment de doute au pied de la sierra Nevada, que la ligne doit traverser : il faut percer la montagne à la pioche et à la dynamite. Charles Crocker mobilise plusieurs milliers de Chinois ; il les croit indispensables pour un pareil effort « puisqu'ils ont construit la muraille de Chine ». Hissés avec des cordes, les Chinois placent de la dynamite et font sauter des falaises. L'une d'elles, de plus de 400 mètres, surnommée le « cap Horn », sera vaincue après une dizaine d'accidents graves. Quinze tunnels sont creusés dans le froid ou la chaleur. Une année de labeur est nécessaire au percement du tunnel du sommet.

grand rôle. L'un d'eux, Théodore Judah, s'adresse aux « grosses fortunes » de Sacramento et finit par convaincre deux quincailliers, Collis P. Huntington et Mark Hopkins, un épicier en gros, Leland Stanford, et un marchand de vêtements, Charles Crocker. En 1860, ils s'associent et forment les quatre grands de la Central Pacific Railroad. Dans l'Est, un autre ingénieur, Grenville Dodge, avait établi des relevés le long de la piste de l'Oregon pour le compte de Thomas Durant, un ancien étudiant en médecine devenu riche commerçant, qui caressait le projet d'une ligne ferroviaire jusqu'au pied des montagnes Rocheuses.

En pleine guerre de Sécession, la mafia du rail entreprend le siège du Congrès ; on achète des sénateurs « d'une façon scrupuleusement malhonnête », selon le mot même de Huntington. La tension de la guerre, jointe à la corruption d'un bon nombre de fonctionnaires, entretenait un climat affairiste et l'on pouvait « vendre ce que l'on voulait à l'Etat à n'importe quel prix, si on avait le culot de le demander ». Les seigneurs de la locomotive réussissent à obtenir, le 1er juillet 1862, la concession de la ligne. La Central Pacific Railroad des quatre grands reçoit la concession de Sacramento à la frontière du Nevada avec l'Utah, l'Union Pacific Railroad de Durant et de ses comparses celle d'Omaha au Nevada. Les compagnies reçoivent les parcelles sur une largeur de 16 kilomètres de part et d'autre de la voie ; pour chaque mile de rail posé, on les gratifie d'un prêt de 16 000 dollars en plaine, 32 000 dollars dans le Grand Bassin et 48 000 dollars dans les Rocheuses.

Trois tire-fond scellent la jonction des deux lignes. Un en argent offert par le Nevada, un autre en alliage or-argent, don de l'Arizona, et le troisième, celui de la Californie, en or pur sur lequel on lit : « Puisse Dieu continuer à unir notre pays comme ce chemin de fer unit les deux grands océans du globe. »

« Le vice et le crime marchent la tête haute », remarque un journaliste ; on n'a pas baptisé le chantier « l'enfer sur roues » pour rien

L'organisation du travail est très différente d'une compagnie à l'autre. La Central Pacific fait travailler une main-d'œuvre de coolies que des rabatteurs recrutent en

Chine ; nourris d'un peu de riz, logés sous toile, payés le moins possible, ces milliers de Chinois connaissent en plus la xénophobie de la population et des autres salariés. Tout le matériel arrive par le cap Horn et, comme les Chinois travaillent sans trêve, la frontière du Nevada est atteinte dès 1867.

L'Union Pacific avait commencé les travaux un peu plus tard, en novembre 1863 ; le général Dodge les conduisait d'une main de fer. Dodge s'était illustré contre les Sudistes et contre les Cheyennes avant que Durant se l'attache pour le salaire de 10 000 dollars par an. La progression du chantier était conçue comme une opération

Le 10 mai 1869, la locomotive Roger 119 s'avance lentement vers la Jupiter 60 de l'Union Pacific. Les autorités descendent et se serrent la main. Les directeurs s'approchent de la voie et enfoncent les tire-fond. Les « messieurs » regagnent leur pullman, la foule se rue sur les « tentes saloons » dressées pour l'occasion.

militaire en territoire ennemi. Le groupe de géomètres, solidement encadré de bons tireurs, fixait le tracé de la voie ; ensuite on établissait un « camp de base » où le matériel s'entassait, toujours sous la surveillance du fusil.

De ces campements de fortune sont nées des villes d'aujourd'hui : Laramie, Cheyenne, Julesburg. Les « mangeurs de rouille » se recrutaient parmi les Irlandais, les jeunes immigrants ramassés sur les quais, d'anciens soldats après la fin de la guerre, des délinquants en rupture de bande. Joueurs, marchands de tord-boyaux, prostituées, suivaient les équipes, et la panique s'emparait quelquefois de tout ce joli monde lorsque surgissait une bande de Cheyennes. L'épopée se termina au nord du Lac Salé, à Promontory Point, le 10 mai 1869. Transportant les barons du rail, les deux trains, arrivant l'un de New York, l'autre de San Francisco, s'arrêtèrent ; l'Est rencontrait l'Ouest, rien ne serait plus comme avant.

Avant la fin du siècle, cinq transcontinentaux avaient effacé les chariots de la Prairie ; cinq jours à peine suffisaient dorénavant pour relier Chicago à San Francisco.

« Nous n'avons pas peur de l'homme blanc, nous ne craignons pas de le combattre »

Le train induisait des transformations économiques considérables : il permettait au fermier d'exporter sa récolte, au cow-boy d'embarquer son troupeau vers les abattoirs de Chicago, il menait les immigrants et les nouvelles machines agricoles mais, surtout, il traçait un sillon sanglant au cœur du pays indien. Jusque dans les années 1860, une relative quiétude entourait les relations entre les Blancs et les Indiens dans l'Ouest. Peu de pionniers s'installaient dans les Plaines. L'armée américaine, incapable de maîtriser l'espace, cherchait à se concilier les Indiens. Le rapport de force demeurait défavorable aux Tuniques bleues, tandis que le milieu naturel favorisait les Indiens.

Navajos et Apaches avaient une longue tradition de résistance à l'occupation espagnole.

Selon Alexis de Tocqueville, en 1835, « de quelque côté qu'on envisage la destinée des indigènes de l'Amérique du Nord, on ne voit que maux irrémédiables : s'ils restent sauvages, on les pousse devant soi en marchant ; s'ils veulent se civiliser, le contact d'hommes plus civilisés qu'eux les livre à l'oppression et à la misère ». Le drame qui s'était déroulé dans l'est du continent se répéta à l'ouest. Deux visions du monde s'affrontaient, avec comme seul langage du côté des Blancs injustice et violence.

Lors du traité de Guadalupe-Hidalgo, le gouvernement américain s'était engagé à « mater » les rebelles. De 1863 à 1867, le célèbre Kit Carson dirige plusieurs expéditions militaires sans réussir à briser la volonté des Indiens, conduits par des chefs redoutables. Jusqu'en 1885, la guérilla apache renaît de ses cendres, mais la lassitude emporte les plus tenaces et le général Crook finit par convaincre les derniers de rejoindre une réserve. Dans les plaines du Centre et du Nord résident les Arapahos, les Cheyennes, les Dakotas (appelés Sioux). Depuis « bien des lunes », ils « voient défiler les lourds chariots, croisent des soldats bleus », entendent résonner le bruit des rails que l'on pose. Mais seize mille guerriers émérites groupés autour de chefs prestigieux, entendent bien faire face.

Les grandes tribus de l'Ouest ne se sont jamais opposées à la pénétration de leur territoire, et ont accepté les traités jusqu'à ce qu'ils soient violés. Devant la rapacité des Blancs, un sentiment de haine se développe ; les Indiens tentent de trouver un terrain d'entente avec les pouvoirs publics. Le chef sioux Sitting Bull s'écriera : « Quel traité le Blanc a-t-il respecté que l'homme rouge ait rompu ? Aucun. Quel traité l'homme blanc a-t-il jamais passé avec nous et respecté après ? Aucun. »

A la fin de la guerre de Sécession, les Dakotas mènent une guérilla sans merci le long de la Bozeman Trail

Le gouvernement charge le général Sherman d'assurer la sécurité sur cette piste, qui permet de ravitailler les mineurs du Montana et relie les petites villes qui viennent de s'y fonder à la vallée de la Platte, vers Fort Laramie, que l'Union Pacific doit bientôt desservir. Elle passe, de plus, en plein cœur du pays dakota, près des monts Big Horn, au plus giboyeux des territoires sioux. Les soldats construisent des forts, les Dakotas ne les attaquent jamais, ils les surveillent et tendent des embuscades sanglantes. Au printemps 1868, Sherman, le « héros nordiste », doit, par le traité de Fort Laramie, abandonner les postes militaires en pays sioux. Un affront sans précédent que les militaires ne peuvent admettre : l'offensive reprend avec le général Sheridan, qui laisse le colonel Custer massacrer une centaine de Cheyennes près de la Washita River pendant l'hiver 1868. Exactions et humiliations se poursuivent, couvertes par les autorités.

Vainqueurs du moment, les Indiens ne sauront pas exploiter leur succès

En 1874, on découvre de l'or dans les Black Hills, les montagnes sacrées des Dakotas. Les pionniers se précipitent, essuient quelques flèches et demandent la protection de l'armée. Les Dakotas refusent de louer leurs terres. Washington ordonne à Sheridan, devant l'« intransigeance des Sauvages », de lancer une offensive destinée à mettre à la raison les guerriers de Sitting Bull et Crazy Horse. La campagne s'engage au printemps 1876 et mobilise plusieurs milliers d'hommes équipés de fusils automatiques. Pourtant, la cavalerie n'arrive pas à s'imposer et, le 25 juin 1876, près de la Little Big Horn, les deux cent soixante-cinq hommes du 7e régiment de cavalerie du général Custer, encerclés par les Cheyennes et les Dakotas, sont exterminés. Mais la victoire des Indiens sera éclipsée par la gloire dont la presse et les officiels entourent le « sacrifice » du général.

Les chefs sioux reçoivent Harney et Sherman près du fort Laramie. Après plusieurs années de lutte, Sherman doit s'incliner. En prenant son commandement, il avait déclaré : « Nous devons répondre aux Sioux avec une ardeur agressive, même s'il faut aller jusqu'à les exterminer, hommes, femmes et enfants. » Les Oglalas de Red Cloud mèneront la vie dure aux vétérans de la guerre civile. Au printemps 1868, les Indiens acceptent la paix.

Des combats sporadiques se déroulent ailleurs. Dans l'Oregon, le chef Joseph entraîne les Nez-Percés dans une expédition héroïque (1877), mais partout se dessine déjà le périmètre des réserves, loin des bonnes terres occupées par les Blancs. La destruction du gibier accule les Indiens à la famine, ils manquent d'armes et de munitions, enfin ils sont perpétuellement trompés par la « bonne foi » des traités et ne se méfient pas du machiavélisme des politiciens blancs.

Parmi les quatre mille Indiens tués dans les campagnes de l'Ouest, les trois quarts étaient des femmes et des enfants ; du côté américain sept mille hommes disparurent, pour la plupart des soldats. Si les pertes, au regard des autres conflits du XIXe siècle, paraissent minimes, l'impact symbolique de cette lutte par contre, est considérable.

En 1877, le chef Joseph de l'Oregon se rend à Washington : « J'ai écouté tant et tant de promesses, mais jamais rien n'a été fait. Les mots ne rachètent pas la mort de mon peuple. Ils ne rachètent pas la perte de mon pays, à présent envahi par les Blancs. »

Printemps 1871, dans le Kansas méridional. Au milieu d'un nuage de poussière, plusieurs coups de feu claquent, le cavalier de tête s'écroule. Des tireurs embusqués sur la rive opposée prennent les cow-boys pour cible. Une fusillade éclate, les bovins s'affolent, en quelques minutes les agresseurs détalent sur leurs chevaux.

CHAPITRE IV

HERBE D'OR, VILLE D'ARGENT

Alors que les Etats-Unis se sédentarisent et s'industrialisent, le cow-boy offre l'image d'un personnage plongé dans une nature puissante et en lutte contre les éléments. Loin du bruit et de l'agitation urbaine, le cow-boy est porteur des valeurs qui ont fait l'Amérique. Dans les périodes de crise, on aime à le rappeler ; il incarne également la jeunesse d'une nation toujours en mouvement.

Depuis des années, les cow-boys et les fermiers s'opposent ; ces derniers redoutent la propagation de la *Texas fever*, une épizootie redoutable qui décime un cheptel en un mois. Les bovins du Texas véhiculent la tique de cette fièvre, dont on ne sait se protéger qu'en imposant une « ligne de quarantaine ». En effet, à chaque printemps, des dizaines de milliers de vaches encadrées par des cow-boys parcourent 1 000 km à travers l'Ouest. Les fermiers tentent de limiter cette longue migration, de la canaliser, car le bétail piétine les récoltes et transmet des maladies.

La légende n'aime pas se souvenir que le cow-boy emprunta au *vaquero* mexicain ses méthodes d'élevage. Du costume étincelant, le cow-boy conserva les pièces utilitaires : chapeau, bottes, lasso.

Les cow-boys, eux, ont le pistolet facile. Sur un espace sans clôture, rien ne résiste à l'ouragan.

Comment acheminer vers Chicago les immenses troupeaux des plaines de l'Ouest ?

Avec le développement de l'immigration et l'urbanisation de la société américaine, un vaste marché alimentaire se développe. Le bétail des fermiers de l'Est ne suffit plus à approvisionner des villes en expansion, alors que le bœuf devient la viande privilégiée de l'Américain moyen. Après

En envahissant le Texas, les Américains découvrent un étrange bovidé : par sa robe claire et tachetée, il ressemble à un animal domestique, mais ses puissantes cornes et son comportement dénotent un naturel sauvage. Descendant du bétail apporté d'Espagne au XVIe siècle, le *longhorn* est élevé en liberté dans le Texas ; les *vaqueros* le capturent et le vendent en ville. Le *longhorn* vit « d'air et d'espace », il s'est parfaitement adapté au milieu. Il se hisse pour manger les feuilles basses de peuplier, digère les fleurs de yucca et broute la sauge. Dans les plaines semi-désertiques, il sait trouver un point d'eau ; quant à ses redoutables cornes, elles tiennent en respect les prédateurs. Par contre, il fournit une viande de mauvaise qualité et les Américains, en le croisant avec des animaux de l'Est, finiront par remédier à cet inconvénient.

la guerre civile (1861-1865), la mise en place du chemin de fer s'accélère. Des lignes locales s'avancent dans l'Ouest, plaçant le bétail à quelques jours de voyage des grands abattoirs de Chicago et de Kansas City.

Enfin, un immense troupeau existe, il vagabonde dans le Texas, là où l'herbe est libre. On estime alors à 3,5 millions de têtes le cheptel texan, dont la moitié dans le chaparral du Sud. Les vaches espagnoles introduites au XVIIIe siècle avaient donné naissance à un bétail sauvage, le *longhorn,* habitué à se nourrir dans les pacages semi-désertiques. Il fournissait une viande médiocre mais bon marché. Les *vaqueros,* ancêtres des cow-boys, attrapaient les plus belles bêtes au lasso et les vendaient dans les bourgades voisines.

Au lendemain de la guerre civile, des Texans s'étaient hasardés à conduire de petits troupeaux dans le Missouri. L'expérience se révéla décevante : le Kansas, l'Oklahoma, le Missouri, étaient envahis de fermiers prompts à faire le coup de feu sur les nouveaux venus. Lorsque les fermiers ne menaçaient pas les cow-boys, les Indiens exigeaient du bétail comme droit de passage sur leur réserve, ou des bandes de pillards s'attaquaient aux convoyeurs. La tranquillité et la sécurité commandaient de s'aventurer beaucoup plus à l'Ouest, là où le front pionnier n'existait pas... ni le chemin de fer. Or, il fallait que les bêtes puissent atteindre l'immense marché de l'Est sans être trop amaigries.

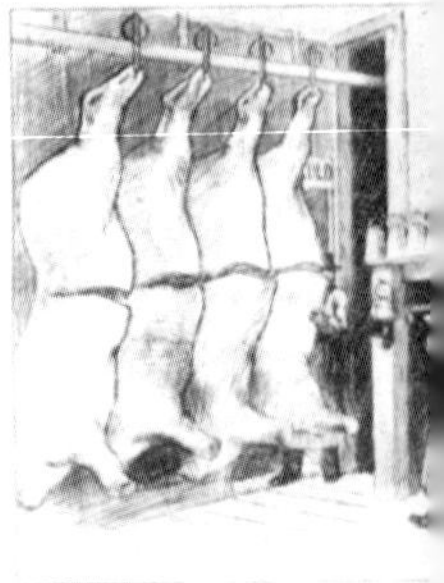

Pendant la guerre civile, tant pour servir de nourriture aux soldats qu'à cause des déprédations, le bétail de l'Est est décimé. A partir des années 1865-1870, la viande de bœuf est consommée par les Américains. Les grandes villes cherchent de nouveaux marchés d'approvisionnement.

En 1867, Joseph McCoy, un jeune fermier de l'Illinois récemment installé au Texas, imagine une formule astucieuse

Joseph McCoy obtient un tarif préférentiel sur la ligne de chemin de fer Kansas City-Chicago et choisit Abilene comme gare d'embarquement pour ses bovins. Son choix est dicté par la richesse des pâturages avoisinants et les ressources en eau : les animaux en transit pourront, de la sorte, se nourrir à petits frais.

En septembre 1867 est constitué le premier

convoi. Les éleveurs de bétail sont assurés de vendre leurs bêtes à un terminus ferroviaire au lieu de risquer un voyage vers une autre ville : chaque année, les bestiaux des ranches trouvent désormais acquéreurs dans les gares et s'embarquent pour Chicago. Un des hommes de McCoy, le Cherokee Chisholm, découvre même une piste nouvelle pour conduire les troupeaux du Sud-Ouest vers les *cow towns* du Kansas. Pour les Texans, il suffit de rassembler, puis d'engraisser les animaux avant de les mener jusqu'au chemin de fer. Le système de l'*open-*

Ainsi, Chicago et Saint Louis consacrent d'importants investissements dans des abattoirs géants par lesquels vont transiter des millions de bêtes entre 1865 et 1890. A partir de 1870, le wagon frigorifique permet à ces abattoirs de fournir les métropoles de la côte.

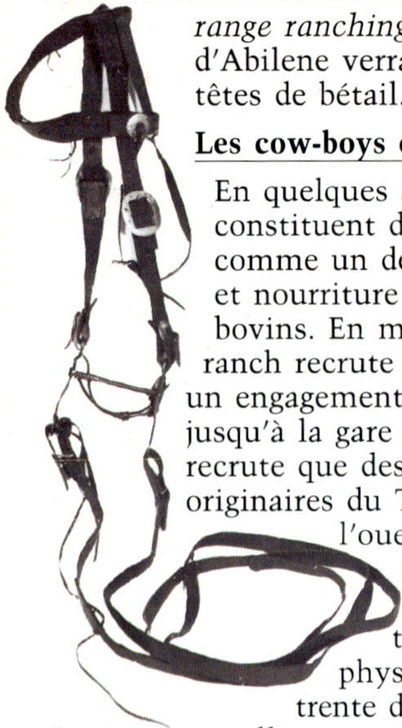

range ranching était né. La seule ville d'Abilene verra transiter dix millions de têtes de bétail.

Les cow-boys entrent en scène

En quelques années, les ranchers se constituent des territoires grands comme un département où il y a eau et nourriture pour des milliers de bovins. En mars et avril, le boss du ranch recrute des cow-boys qui signent un engagement pour s'occuper du bétail jusqu'à la gare d'embarquement. Il ne recrute que des jeunes, le plus souvent originaires du Texas, de l'Oklahoma, de l'ouest du Missouri. Il est de fait que peu de Blancs acceptent de faire ce travail qui est très dur physiquement et très mal payé trente dollars le mois –, aussi les équipes sont-elles constituées d'un mélange de Mexicains, de Noirs, d'Indiens et de métis.

Le patron fournit les chevaux mais le cow-boy doit s'équiper lui-même. Il achète un chapeau de paille de riz ou un chapeau mexicain, un foulard comme masque à poussière, un ciré et une couverture, un solide pantalon et une paire de bottes à toute épreuve. Les quelques armes sont fournies par l'employeur, bien que certains cow-boys prennent l'habitude de porter des colts en permanence.

La première tâche du cow-boy est de réunir les bêtes éparpillées pour marquer les jeunes veaux du signe du ranch. Cette opération, le *round-up*, demande dextérité et patience : on attrape les animaux au lasso, on trie les adultes qui sont ensuite réunis dans un corral avant le départ.

Après plusieurs semaines de « round-up », une équipe d'une dizaine d'hommes est constituée

Plusieurs personnes y tiennent un rôle précis. Le chef, un « vieux », un homme à poigne, est payé cent dollars le mois. Responsable du cheptel, il doit veiller à ce que les bêtes ne perdent pas trop

Pour son travail, le cow-boy doit investir dans trois pièces indispensables : le chapeau, les bottes et la selle. La formule : « un cheval de 10 dollars et une selle de 40 » résume le soin porté à l'acquisition d'une selle confortable. Les bottes coûtent moitié moins.

de poids pendant le voyage. Responsable aussi des hommes, il fait respecter les consignes d'abstinence – pas d'alcool – ainsi que la discipline au sein d'un groupe dont la solitude et le travail monotone rendent vite les membres agressifs. Le chef d'équipe connaît bien la piste, ses points d'eau, les passages à gué, les endroits de campement. Souvent, au bout de plusieurs années, il se met à son propre compte comme rancher. Le cuisinier est respecté de tous.

Les éperons sont utilisés pour contrôler le cheval, non pas pour le punir.

1897

Le rodéo

Le printemps et l'été voient se dérouler un rite spectaculaire : le rassemblement des veaux pour le marquage et celui des bœufs adultes pour le voyage. Le travail du cow-boy consiste à poursuivre les animaux éparpillés, à les rabattre vers le troupeau (le verbe espagnol *rodear* signifie encercler). Tâche délicate et épuisante qui n'a rien de commun avec le divertissement offert au public lors du rodéo. Vivant en liberté, les bêtes nées au printemps doivent être marquées par un fer rouge portant une estampille. Chaque éleveur choisit un motif à son goût, assez complexe toutefois pour rendre difficile les falsifications (les voleurs de bétail transforment les marques et vendent des animaux à leur profit). Un veau non marqué est un maverick ; il appartient à celui qui le trouve.

Les artistes cow-boys

L'orage se déchaîne, la panique gagne le troupeau. Frederic Remington a rendu dans son tableau l'intensité de la scène après avoir entendu les cow-boys lui raconter ce moment qu'ils redoutent tous. Avec Charles Russel, son contemporain, Remington est le peintre le plus populaire d'un genre que les Américains ont baptisé l'« art western ».
Les deux artistes ont vécu dans l'Ouest. Passionné de chevaux, Remington voyage, en 1881, dans les Grandes Plaines et le Texas. Il interroge des témoins, fait de nombreux croquis et des esquisses. Charles Russel, né dans une famille modeste du Missouri, rêve dêtre cow-boy. A 16 ans, en 1880, il gagne le Montana et travaille dans un ranch où il saisit des scènes de la vie quotidienne. Lorsqu'il se décide à publier un recueil de ses œuvres à New York, en 1892, le public, bercé par le roman populaire, l'accueille avec enthousiasme.

Il prépare les provisions du voyage, bacon, haricots, biscuits, café noir, pommes et prunes séchées, entassées dans un chariot bâché, le *chuck-wagon.* Le repas étant l'un des moments les plus agréables, où l'on peut échanger plaisanteries et anecdotes, un bon cuisinier qui réussit à améliorer le menu quotidien à base de bœuf est vite apprécié.

Quant au *horse wrangler,* il a la charge du *remuda,* le parc de soixante-dix à cent chevaux. Chaque cow-boy dispose de plusieurs montures, pour lesquelles il éprouve de l'affection. Descendant des petits chevaux arabes introduits par les Espagnols, les mustangs vivent plus ou moins en liberté. Ils sont agiles et vifs, mais de caractère difficile et pas toujours aisés à monter. On emploie également de vieux chevaux, bien obéissants, comme le *chapo,* par opposition au *bronco,* l'animal de rodéo.

De toute façon, il est de l'intérêt du cow-boy d'éviter les étalons nerveux et agressifs et de rechercher l'animal docile qui facilitera beaucoup son travail de surveillance et de rassemblement.

Cow-boy, un boulot de fou ! Peu de westerns montrent la réalité du travail des meneurs de troupeau. Deux cow-boys ferment la marche du convoi et stimulent les bêtes les plus faibles. En avant galopent des cavaliers expérimentés, les *pinters,* qui ouvent la piste. Les flancs-gardes veillent à ce que les animaux ne s'écartent ni ne se bousculent et ne s'énervent, créant un début de panique.

Pendant des semaines, l'horizon du cow-boy se limite à de mornes collines sablonneuses

Une fois les bêtes les plus fortes réunies, le *chuck-wagon* bien rempli de vivres et de quelques armes, l'ensemble gagne la piste et s'achemine vers les gares du Middle West, mille kilomètres plus au nord. Deux routes sont plus fréquentées, la Western Trail et la Chisholm Trail, la localisation de ces pistes dépendant de l'avance du front pionnier. Les fermiers, afin d'empêcher l'invasion de la *Texas fever* qui décimait leur cheptel, ont fixé une « ligne de quarantaine », infranchissable à la horde en mouvement. La lente progression du troupeau est loin d'être de tout repos pour le cow-boy. Il faut très bien monter à cheval pour retrouver les bêtes perdues et rabattre constamment le troupeau sur la piste sans créer de panique. Celle-ci est l'obsession de l'équipe, le troupeau pouvant détaler en tous sens, et le réunir demande alors plusieurs jours.

Le soir à l'étape, on formait un enclos, le corral, avec les chariots et les chevaux. Entre 1865 et 1890, 35 000 cow-boys, dont un tiers de Noirs, ont sillonné les « pistes à bétail ». A la fin du siècle, dans les fermes de l'Ouest, ce métier était devenu un « rite de passage » pour un jeune homme. En suivant la horde, il « faisait sa jeunesse », prouvant sa force et son endurance.

Quelquefois, des bêtes égarées sont dévorées par les coyotes avant qu'on puisse les retrouver.

La nature que traversent les cow-boys, les Grandes Plaines, connaît peu d'animaux dangereux, si ce n'est le sconse hydrophobe dont la morsure est mortelle. Pour effrayer les jeunes, les anciens parlent de monstres terrifiants tels que le *walli galloo*, croisement d'une panthère et d'un grizzli, qui erre près des campements...

Un peu d'imprévu et beaucoup de routine

Deux autres menaces pèsent sur les hommes et les bêtes : l'incendie de la prairie, catastrophique pour tous, et les orages. Le tonnerre effraie le bétail et le cavalier risque d'être broyé par sa monture. On tente, dans ce cas, d'apaiser les animaux en les faisant tourner en rond. La foudre frappe également les cavaliers. Les rivières en crue deviennent difficiles à traverser. Pour convaincre les bœufs, un cavalier s'avance, mais on reste quelquefois deux ou trois jours sur la rive avant que la tête du troupeau pénètre dans l'eau. L'opération est encore plus hardie dans les fleuves : les cow-boys nagent devant leurs chevaux, suivis des bêtes. Si la panique s'empare de l'ensemble, une partie des hommes et des animaux se noient.

Quant au risque des Indiens, tant exploité dans le western, il est inexistant ; les rares groupes qui demeurent près des pistes se bornent, en effet, à demander une carcasse en guise de péage pour traverser leur réserve.

Plus dure est la routine du travail quotidien, accentuée par l'angoisse qu'inspirent ces grands espaces. Dans la poussière qui lui pénètre les poumons ou sous les averses diluviennes, le cow-boy est bercé par les meuglements du troupeau. Le soir, il panse son cheval, coupe du bois, lave son linge, puis prend son tour de garde avant de s'endormir près du chariot bâché. Le lendemain, à l'aube, le travail reprend. Aucune distraction ne vient adoucir la fatigue de ces journées ni non plus en rompre la monotonie, car le troupeau évite systématiquement les centres urbains.

Les repas brisent la monotonie du travail. Les hommes se reposent, bavardent, plaisantent, tout en essayant d'oublier ce qu'ils mangent ! Pendant des semaines, le cuisinier devait faire preuve d'imagination. La viande fraîche se conservait mal et les cow-boys avaient peu de temps pour chasser. D'ailleurs, ils préféraient abattre des loups, de la peau desquels ils étaient sûrs de tirer un bon prix. Quant aux boissons, l'alcool étant interdit, elles se limitaient au café et à l'eau.

Enfin la bande, crasseuse, couverte de vermine, imprégnée de poussière, atteint les « cow towns » : Abilene, Dodge City ou Newton

Pour leurs habitants, c'est l'invasion des barbares ; la sauvagerie prend possession pour quelques jours de hameaux bien tranquilles. Une fois les animaux triés et embarqués dans les wagons, le cow-boy touche sa paie. Les « villes du bétail » sont coupées en deux, un quartier résidentiel, calme et travailleur, et un autre réservé aux bars, salles de jeux et « maisons de filles » ; autour se sont greffés des hôtels ainsi que quelques marchands de fripes et d'armes.

Avec son pactole, le cow-boy devient un autre homme. Il remplace ses vêtements de travail par des chemises fringantes, des bottes incrustées et porte souvent un colt à son ceinturon. Passages obligatoires : le barbier, les bains, puis le *saloon* pour oublier l'abstinence de la piste. Les beuveries se terminent souvent par de violentes bagarres et quelquefois le colt apparaît ; on dit d'ailleurs dans l'Ouest que « Dieu a fait des hommes grands et forts et d'autres petits, mais [que] le colonel Colt les a rendus égaux » ! A Dodge City, on a même créé un cimetière, Boot Hill, où l'on enterre avec leurs bottes les hommes morts en duel. Enfin il y a le bal, le dancing et les filles.

Des festivités qui scandalisent les honnêtes protestants

Un journaliste, de passage à Kansas City dans les années 1870-1880, rapporte : « Après la tombée de la nuit, quand l'obscurité masque leurs orgies aux yeux du public, ces misérables s'assemblent dans le dancing et sautillent au son d'une musique pitoyable, égrenée par des instruments délabrés, qu'interprètent des êtres aussi dégradés que les pires voyous. La terre civilisée connaît peu de spectacles de débauche aussi débridée et éhontée qu'un dancing dans les villes de la frontière. » Plus que partout ailleurs, c'est dans les tripots à jeux et à filles que le cow-boy trouve l'occasion de dépenser son gain. Le poker, la roulette, la prostitution endémique et bien organisée,

Deux mois d'abstinence, huit jours de folie... jusqu'à ce que le dernier dollar trébuche sur le bar du *saloon*. Le cow-boy fascine par son rythme de vie : errance et solitude dans des espaces sauvages, suivies d'une libération soudaine et violente de tous les instincts. L'homme à cheval va inspirer longtemps les chroniqueurs et les artistes.

ramènent en moins d'une semaine notre héros à son point de départ : sans argent, il doit retrouver du travail et s'engager pour un patron rancher qui éponge ses dettes par une avance plus ou moins considérable sur la paie du prochain voyage. Dans ces villes de l'Ouest grouille toute une faune de hors-la-loi en quête d'aventures. Loin de la civilisation, ces villes-refuges permettent de se refaire une réputation. Certains cow-boys, dégoûtés de la piste, chargés de dettes ou ayant tué un adversaire dans un bar, ne tardent pas à rejoindre ces groupes de mauvais garçons.

« On ingurgite de l'alcool du matin au soir. Boire avec un ami quand vous le rencontrez est un signe d'amitié. Boire avec un étranger est une marque de bienvenue. Les Américains ne peuvent rien faire sans boire. »

Frederick Marryat

Mais les grands bandits du folklore de l'Ouest, Billy the Kid ou Jessie James, n'ont jamais été cow-boys. Il semble bien que ce métier, contrairement à la légende, n'ait pas engendré plus de « pilleurs de diligence » que les autres professions.

Le romantisme du cow-boy tient non seulement à son comportement, mais aussi à sa profonde alliance avec son cheval.

« L'arrivée du fil de fer barbelé et du chemin de fer a tué le cow-boy »

Cette phrase du peintre Frederic Remington montre l'état d'esprit qui régnait dans l'Ouest autour des années 1880, lorsque les fermiers s'installèrent en clôturant leurs parcelles avec du barbelé. On abandonna cette forme d'élevage pour faire du maïs et du blé, ou tout simplement pour sélectionner de meilleures bêtes. Déjà, avant 1880,

on avait envoyé les animaux à engraisser dans les vastes prairies du Montana et du Wyoming. La concurrence de ces Etats qui produisent un bétail de qualité porte un rude coup à l'élevage du Sud. Une autre innovation bouleverse la vie de ces régions lorsque le chemin de fer descend de Chicago au Texas. On continue à embaucher des cow-boys dans les ranches du Texas au cours des années 1890-1900, mais la piste est finie. Les villes du bétail retrouvent leur torpeur d'antan, mais d'autres cités gardent toujours leur pouvoir d'attraction : villes minières, villes du rail, villes de plaisir. Au cœur de ces espaces démesurés, les bourgades ont surgi et grandi en quelques mois, poussées par la fièvre d'une aventure, fascinant pionniers et voyageurs,

Le fil de fer barbelé n'est pas le seul responsable de la mort du cow-boy. Les éoliennes, les moissonneuses-batteuses inventées par McCormick, l'extension de l'élevage dans le Nord-Ouest ont tout autant contribué au déclin de la profession. En 1885, 44% du territoire américain est encore consacré à l'élevage, une génération plus tard à peine 10%...

chassant l'angoisse, brisant la solitude : elles apparaissent à tous comme le centre de la civilisation et du bien-être. Urbanisme et architecture s'y réduisent à leur plus simple expression.

Construites au seul gré de la fantaisie des propriétaires, les maisons de bois, les cabanes rudimentaires et même les tentes s'ordonnent le long d'une rue principale.

En 1841 apparaît un mot nouveau dans l'Ouest, *saloon*, désignant un établissement où l'on peut boire, dormir et se restaurer. Dans les villes nouvelles, les saloons se multiplient. Bière et whisky y sont bon marché.

Malpropres, embourbées ou poussiéreuses, les villes s'ouvrent peu à peu à la culture

Longtemps, le moyen de gagner de l'argent facilement se résume à l'alcool, au jeu et aux femmes. D'où la profusion de *saloons* et de maisons closes qui, dans bien des bourgades, alternent dans les rues. Dans les cités plus importantes, les services se diversifient. Très tôt,

La concentration des prestations proposées par les *saloons* explique leur succès auprès de la population masculine. Dans une atmosphère enfumée, parmi les jurons et les cris, au son du banjo, les soirées s'animent au gré des incidents et de l'échauffement des esprits. Rare est l'homme de l'Ouest qui ne possède pas la fièvre du jeu. Le poker, le jeu du pharaon, la loterie, le billard et l'escroquerie prolifèrent dans tous les saloons. Certains, tels que le *Bull's Head* à Abilene ou le *Gold Room* à Cheyenne, sont célèbres à travers tout l'Ouest. Malgré sa mauvaise réputation, le saloon fonctionne comme une sorte de club pour les hommes ; il a un rôle social. Des affaires s'y traitent ; des saloons présentent des pièces de théâtre ou des spectacles de comédiens ambulants.

certaines villes construisent un théâtre où viennent se produire des troupes ambulantes. Si les *saloons* et autres endroits peu recommandables prolifèrent, on y trouve également des hôtels, des banques, des écoles et des églises.

Toutefois, et ce quelle que soit leur taille, les équipements collectifs leur font défaut. L'hygiène n'est pas la première préoccupation des édiles. La rue principale sert d'égout, le fumier s'entasse, les bouchers jettent les abats ou laissent couler le sang de leur abattoir vers la voie publique.

Main Street, la rue principale, et bien souvent la seule ! Entre *saloon* et bars se glissent quelques magasins ou le célèbre drugstore, la pharmacie locale. Aux entrées de la cité se trouvent les forgerons et les églises. Quant à l'école, elle élit domicile également à la périphérie, le maître habitant à proximité. Dans les villes importantes, des collèges sont édifiés et on fonde même des universités.

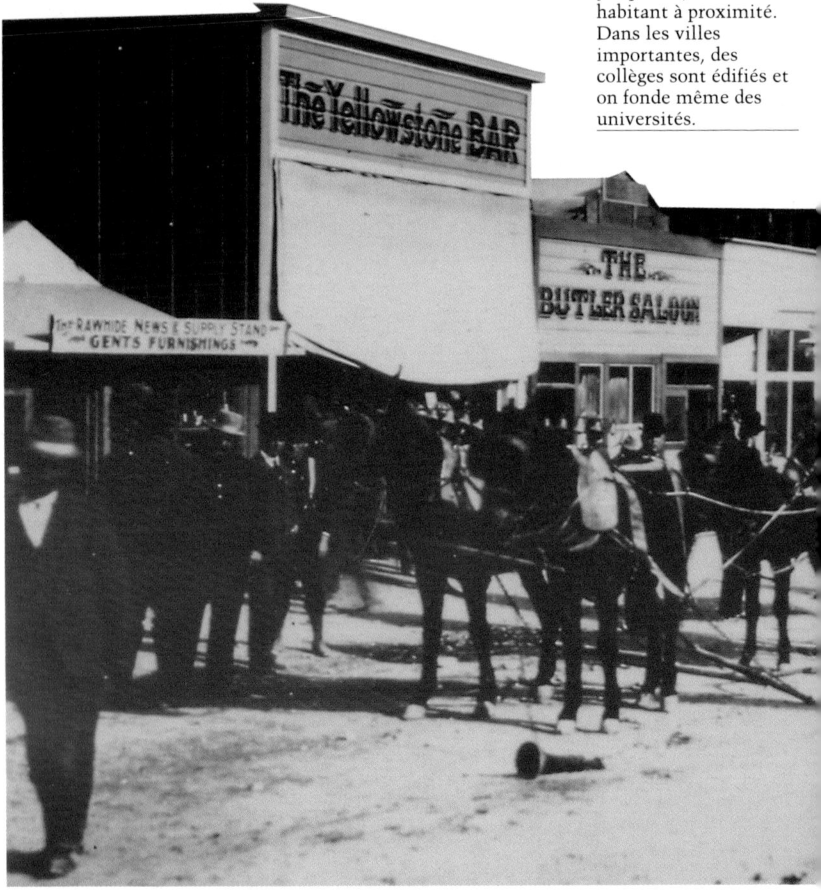

Pendant les chaleurs, l'odeur de la ville peut se sentir à des kilomètres. D'autre part, les incendies représentent une menace constante, en raison à la fois de la négligence des habitants et de la sécheresse dans les Plaines.

Le manque de cohésion des autorités civiles et l'absence d'organisations locales rendent la tâche du maintien de l'ordre fort délicate

La sécurité des personnes soulève tant de difficultés que les municipalités ont recours à tous les moyens. En réalité, la délinquance et le banditisme sont tout aussi importants dans les cités de l'Est, mais ils prennent d'autres formes au-delà du Mississippi. Le vol de bestiaux, l'attaque d'une diligence, les règlements de comptes dans la rue revêtent un caractère anachronique dans une société en pleine modernisation. Cette violence est comparée à une sorte de sauvagerie, héritage d'une époque disparue. Trois autres

Rares sont les cités qui ne possèdent pas une gazette ; le journal s'alimente de faits divers, d'informations urbaines ; il publie l'état civil, minimise la violence ou se lance dans des mystifications lorsque le chiffre des ventes s'effondre. Certains journaux se font les porte-parole de groupes de pression, par exemple des fermiers contre les cow-boys. A ce jeu trouble, un directeur peut se retrouver roulé dans le goudron et enduit de plumes par des lecteurs mécontents.

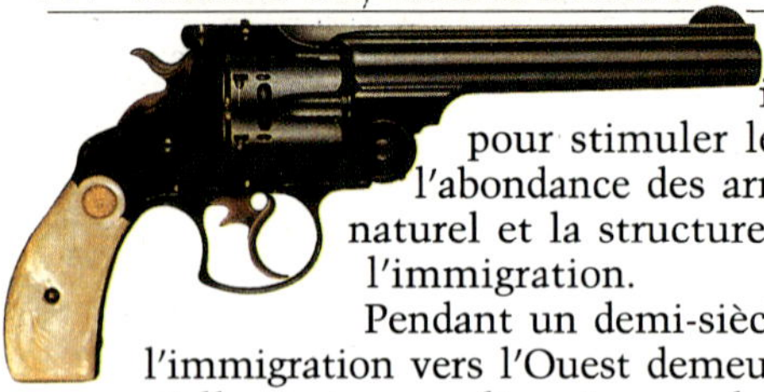

facteurs interviennent pour stimuler le banditisme : l'abondance des armes, le milieu naturel et la structure même de l'immigration.

Pendant un demi-siècle, l'immigration vers l'Ouest demeure essentiellement masculine. Jusque dans les années 1860, 20 % à peine des pionniers vers l'Oregon et la Californie sont des femmes. Les trappeurs, les chercheurs d'or, les mineurs, les soldats, arrivent seuls. Des adolescents, des orphelins, de jeunes ouvriers agricoles, des domestiques, s'engagent sur la piste, en quête de travail et d'aventures.

Billy the Kid suit sa mère veuve dans le Colorado et le Nouveau-Mexique. Livré à lui-même, il commence sa carrière à seize ans. La fin de la guerre civile pousse un grand nombre de jeunes à abandonner les régions dévastées. Les deux camps démobilisent des milliers de soldats avec armes et chevaux. Certains ont pris goût à la violence et au pillage ; des hommes tels que William Quantrill ou Jessie James, entourés de solides gaillards, terrorisent les petites villes. Enfin, le chômage et la misère alimentent les bandes de vagabonds ou conduisent des jeunes à tenter l'attaque d'un fourgon ou à dérober du bétail, l'espace restant dans leur fuite leur meilleur allié.

L'impunité du banditisme ne tient pas seulement à l'incompétence des autorités. Durant des années, les frères Dalton galopent du Kansas à la Californie, demeurant insaisissables en profitant des nombreuses caches offertes par le milieu naturel. Les bandes parcourent des distances considérables et vont dilapider leur

butin dans une ville où elles ne sont pas connues. Avant le développement du télégraphe et l'organisation de comités de surveillance – les *Vigilantes* –, la surprise et quelquefois la malhonnêteté des shérifs locaux expliquent les réussites spectaculaires des *desperados,* les hors-la-loi de l'Ouest.

Leurs exploits reposent également sur leur adresse à utiliser les armes. Elles circulent sans contrôle et l'on peut acheter un redoutable colt six coups ou une winchester sans que le vendeur vous presse de questions indiscrètes. L'aisance et la rapidité à manœuvrer de pareilles armes peuvent transformer le moindre garçon en un tueur dangereux.

L'efficacité des armes et l'organisation de la répression obligent les bandits à faire preuve d'imagination

A l'époque de la ruée vers l'or, on tendait des embuscades aux diligences collectant l'or des mineurs dans les Rocheuses, et, pendant le *cattle boom,* la grande affaire fut le vol de bétail et le maquillage des marques sur le dos des bêtes.

Avec le développement des cités, on s'attaque aux banques locales puis, vers 1877, on se reconvertit dans l'assaut des trains. A côté des « têtes mises à prix » existe une petite

Le Méchant et le Bon. En 1877, à l'âge de 12 ans, William Bonney, surnommé Billy the Kid, tue son premier homme. Pourchassé, il commence un périple qui le conduit de l'Indiana au Nouveau-Mexique, où il se met au service d'un « baron du bétail », John Chisum. Entraîné dans les querelles entre les éleveurs, le Kid sort son pistolet plus vite que les autres. Mais dans la soirée du 14 juillet 1881, le shérif Pat Garrett dégaine avant lui. « Le Kid est mort à vingt et un ans après avoir tué vingt et une personnes », dit la légende. Après avoir été cow-boy et chasseur, Garrett se fait élire shérif ; il sera tué en 1908 dans des conditions très mystérieuses. Le *six-shooter,* le pistolet mis au point par Colt, est l'arme des règlements de compte.

délinquance multiforme constituée de joueurs malhonnêtes, de proxénètes, de marchands de remèdes miraculeux et autres charlatans et d'une profusion de vagabonds à l'affût d'une « bonne affaire ». En outre, la criminalité se nourrit de sentiments racistes et entretient la tension entre groupes ethniques.

Dans ce climat de violence, la répression est impitoyable, la justice sommaire, le lynchage habituel, et bon nombre de *desperados* n'atteignent jamais l'enceinte du tribunal. Les prisons et les pénitenciers poussent aussi vite que les villes ; la moindre peine se compte en années de prison. Quant à l'insalubrité des lieux de détention, elle constitue une excellente solution au surpeuplement des cellules.

Avec le développement de la presse locale, l'apparition du télégraphe et les progrès de l'alphabétisation, le banditisme prend une autre dimension à la fin du XIXe siècle L'information circule rapidement et les «exploits» des mauvais garçons s'impriment sur les manchettes des journaux à travers tout le pays. Cela donne de l'Ouest l'image d'une terre de violence endémique à un moment où la répression et les changements socio-économiques réduisent le nombre de délits.

Enfin, rares sont les journalistes qui dépassent le fait divers pour s'interroger sur les raisons de pareils comportements. En effet, le banditisme et la violence ne cachent-ils pas un désir de révolte contre une société sans concession pour les faibles et les démunis ?

Bien des hommes venus dans l'Ouest refusent la réalité qu'ils y trouvent : petits fermiers endettés, gardiens misérables de troupeaux, serveurs de bar, travailleurs du chemin de fer, tous espéraient un autre avenir. Ici comme ailleurs, la fortune ne sourit qu'à une minorité et la plupart des pionniers doivent se contenter d'un modique salaire ou choisir l'aventure. La révolte n'emprunte pas toujours les voies légales. Dans l'Est, on cultive le mythe des terres libres et de la réussite facile, mais, « au-delà du Pecos », le mythe se transforme en tragédie.

Le regard de la peur: devant les drames qui ensanglantent leur ville, les citoyens élisent des shérifs redoutables. Bat Materson, dans le Kansas, Bill Hickok ou Wyatt Earp, dans l'Arizona, comptent plus sur leur renommée que sur leur winchester pour faire respecter la loi et l'ordre. Hickok tue deux hommes dans sa carrière, dont un par erreur ; Earp blesse un cow-boy. En réalité, les homicides ont lieu souvent dans les villes nouvelles ; ainsi, la première année, à Dodge City, neuf hommes sont tués, huit à Ellsworth. Des citoyens ont également recours à des chasseurs de prime ou à des détectives, comme ceux de la fameuse agence Pinkerton. Enfin les noms de certains juges font trembler les *outlaws*. Roy Bean au Texas ou Isaac Parker en Arkansas ne connaissent qu'un seul verdict

Le 15 janvier 1917, malgré le froid, la foule se presse dans l'artère principale de Denver, capitale du Colorado. Casquettes, chapeaux melon ou Stetson saluent la dépouille de William Cody, dit Buffalo Bill.
A travers le monde entier, Buffalo Bill avait incarné la légende de l'Amérique conquérante et dynamique.

CHAPITRE V

NAISSANCE D'UNE MYTHOLOGIE

« Dans l'Ouest, quand la légende dépasse la réalité, alors on imprime la légende. »
John Ford, 1960

Le succès de la « littérature à vapeur » : éditeurs et journalistes bénéficient du progrès technique dans leur effort de publication

La presse rotative à vapeur permet des tirages rapides et imposants. Cette presse nouvelle se limite à des informations succinctes et à un peu de publicité et se complaît dans les crimes et les affaires scandaleuses. Chaque numéro contient un cinquième de roman : ainsi pour dix cents – un *dime* –, on lit une histoire entière. Le *dime novel,* le roman de quat'sous, est né.

Pour leurs premiers romans, les auteurs puisent dans le fonds commun de la littérature populaire européenne. La cadence accélérée des tirages oblige ensuite à innover, à proposer des sujets plus attractifs que le concurrent. En effet, le succès de cette « littérature à vapeur », du nom des presses d'imprimerie, avait attiré bon nombre d'affairistes sur le marché de l'édition. Saturé de duels à l'épée et de châteaux forts d'une autre époque, le public souhaitait vibrer aux malheurs de héros américains. Vers 1860, Ballou charge un de ses meilleurs auteurs, Edward Judson, connu sous le nom de Ned Buntline, de renouveler son inspiration en cherchant des sujets d'actualité.

Sous la plume de Ned Buntline, William Cody devient « Buffalo Bill, roi des Hommes de la Frontière »

En pleine guerre civile, Buntline sillonne l'Ouest, note les récits les plus invraisemblables, les histoires colportées ici et là. En 1869, sur les conseils d'un officier, il s'intéresse à un jeune éclaireur, William F. Cody, « vaniteux comme une jolie femme ». Dans le *New York Weekly,* Buntline raconta les aventures de Buffalo Bill, plagiant James Fenimore Cooper, compilant des récits de trappeurs, enjolivant de rocambolesques histoires que tous les hâbleurs de l'Ouest – et il n'en manquait pas – se plaisaient à brailler dans les saloons. Le journaliste réussit l'exploit de camper un personnage plus vrai que nature, il séduisit le public, qui s'arracha la feuille de quat'sous. Surpris par son succès, Buntline

Ned Buntline constitue une illustration vivante de ce jugement émis par Alexis de Tocqueville en 1835 : « Les seuls auteurs que je connaisse pour les Américains sont les journalistes. Ceux-ci ne sont pas de grands écrivains, mais ils parlent la langue du pays et s'en font entendre. » Avant d'être journaliste, Buntline effectue une carrière mouvementée dans la Marine, puis il vagabonde de New York au Tennessee, courant après l'aventure et les femmes tout en écrivant des récits invraisemblables pour la presse populaire.

Les journaux illustrés et bon marché, tels que *Harper's Weekly*, bénéficient du développement du chemin de fer, qui leur permet de pénétrer à l'intérieur du continent. Pour les analphabètes, les dessins ont une force d'évocation considérable. Les textes, écrits dans une langue très simple, sont aisément accessibles à un public peu scolarisé. Désormais, les Américains ne se satisfont pas de héros mythiques. En 1880, un romancier, Edward L. Wheeler, commence la saga d'un certain Deadwood Dick, un « hors-la-loi au grand cœur », victime d'une société dominée par des voleurs que la loi protège. Dick démasque la « réalité américaine » : les lois ont été faites pour tromper les humbles et laisser toute impunité aux « messieurs » de la bonne société.

s'empressa d'inventer de nouvelles péripéties aussi extravagantes que les précédentes. Et, bien sûr, tout le monde chercha à le copier.

Toujours en quête de nouveauté, les journalistes s'emparent du cavalier des Plaines

Après le traumatisme de la guerre civile, l'Amérique était à la recherche d'une identité nationale. A ses yeux, le cow-boy pouvait symboliser une autre génération d'Américains, ceux qui reconstruisaient le pays et s'engageaient dans le développement industriel. Le cow-boy devient un modèle national, paré des vertus du Nouveau Monde : habile, entreprenant, individualiste, doué d'un sens inné de l'honneur, qualités cachées derrière un extérieur rude et ombrageux. La popularité du cow-boy dépasse toutes les espérances, il s'impose donc de le faire monter sur les planches.

En 1872, Buntline engage un Virginien, John Omahundro, pour jouer le rôle de Texas Jack dans *The Scouts of the Prairies*. Lancée à Chicago, la pièce connaît un tel succès qu'elle sera donnée dans toutes les grandes villes. Texas Jack est la première star cow-boy. Devant un public stupéfait, il affronte les Indiens au couteau, jongle avec son lasso, se bat comme un démon pour sauver une belle, le tout entrecoupé de danses indiennes. L'année suivante, Buffalo Bill, dont la notoriété n'était plus à démontrer, se lance avec une troupe afin d'exploiter le goût du public pour l'Ouest.

Au moment où l'Ouest se couvre de villes bruyantes, de chemins de fer et d'industries, les Américains cherchent à conserver les traditions nées d'un demi-siècle d'épopée. Le spectacle remplace l'aventure, le rodéo perpétue le mythe du cow-boy. « Qu'il rue », l'exclamation qui ouvre le rodéo, symbolise la fête où l'homme et l'animal entrent en lutte. Le rodéo fut l'un des premiers sports typiquement américains.

Avec le « Buffalo Bill's Wild West Show », présenté en 1882, l'Ouest trouve enfin un spectacle à sa mesure

Buffalo Bill réunit aisément les fonds nécessaires à l'organisation d'une attraction hors du commun. Le public appréciait les cirques, les acrobaties, la voltige, les sensations. L'originalité de Buffalo Bill est de mettre en scène de véritables cow-boys et Indiens, caracolant sur des chevaux nerveux. En quelques tableaux se déroule l'histoire de l'Ouest : attaque du convoi de pionniers, poursuite d'une diligence, intervention des sauveurs et massacre des sauvages. Pendant trois heures, dans la poussière et les cris, les spectateurs avaient le sentiment de vivre l'épopée sans en courir les risques. Le *Wild West* commence une tournée triomphale à travers le pays. Les années suivantes, on engage de nouvelles vedettes : Annie Oakley, capable de fendre une carte à jouer d'un coup de colt, baptisée Annie du Far West. Sitting Bull se joint à la troupe : la simple évocation de son nom fait trembler l'assistance.

En 1886, la revue attire plus d'un million de spectateurs à New York. Malgré la concurrence – dès 1893, cinquante *Wild West* se produisent aux Etats-Unis –, l'affaire de Buffalo Bill continue à rapporter de l'argent. De 1888 à 1890, le *Show* fait tout le tour de l'Europe, déclenchant la curiosité et la sympathie du Vieux Continent.

A la fin du siècle, la nostalgie de l'époque envahit la presse, les romans et la peinture

La presse et le *Wild West* ne sont pas les seuls responsables de la popularité des personnages de l'Ouest. Des magazines tels que *Harper's Weekly, Frank Leslie's* ou encore *Police Gazette* connaissent un très vif succès grâce aux cow-boys de William A. Rogers et à leurs aventures. Des peintres comme Charles Russel ou Frederick Remington, fatigués de l'académisme européen et à la recherche d'une « inspiration nationale »,

Le 12 août 1987, le président Ronald Reagan prononçe un discours à North Platte (Nebraska), où vécut Buffalo Bill : « Comme [lui] je suis parti vers l'Ouest, j'ai servi dans la cavalerie, et ensuite je suis passé dans le monde du spectacle. Je suis fier de mes éperons. J'ai souvent dit qu'il n'y a rien de meilleur pour un homme que d'être assis sur un cheval. »

BUFFALO BI
AND CO
WORLD'S WONDROUS VOYAGES
FROM PRAIRIE TO PALA
CAMPING ON TWO CONTINE
DISTANCE TRAVELLED, 63,000
OR NEARLY THREE TIMES ROUND THE GLOB
BOSTON
NEW ORLEANS
OMAHA
PHILADELPHIA
WASHINGTON
CHICAGO
PINE RIDGE
NEW YORK
BALTIMORE
RICHMOND
PARIS
VERONA VENICE
BUFFALO BILL AND THE FIRST AMERICAN INDIANS THAT HAVE VISITED THE ADRIATIC
EARL'S COURT LONDON JUBILEE 1887 FAREWELL 18

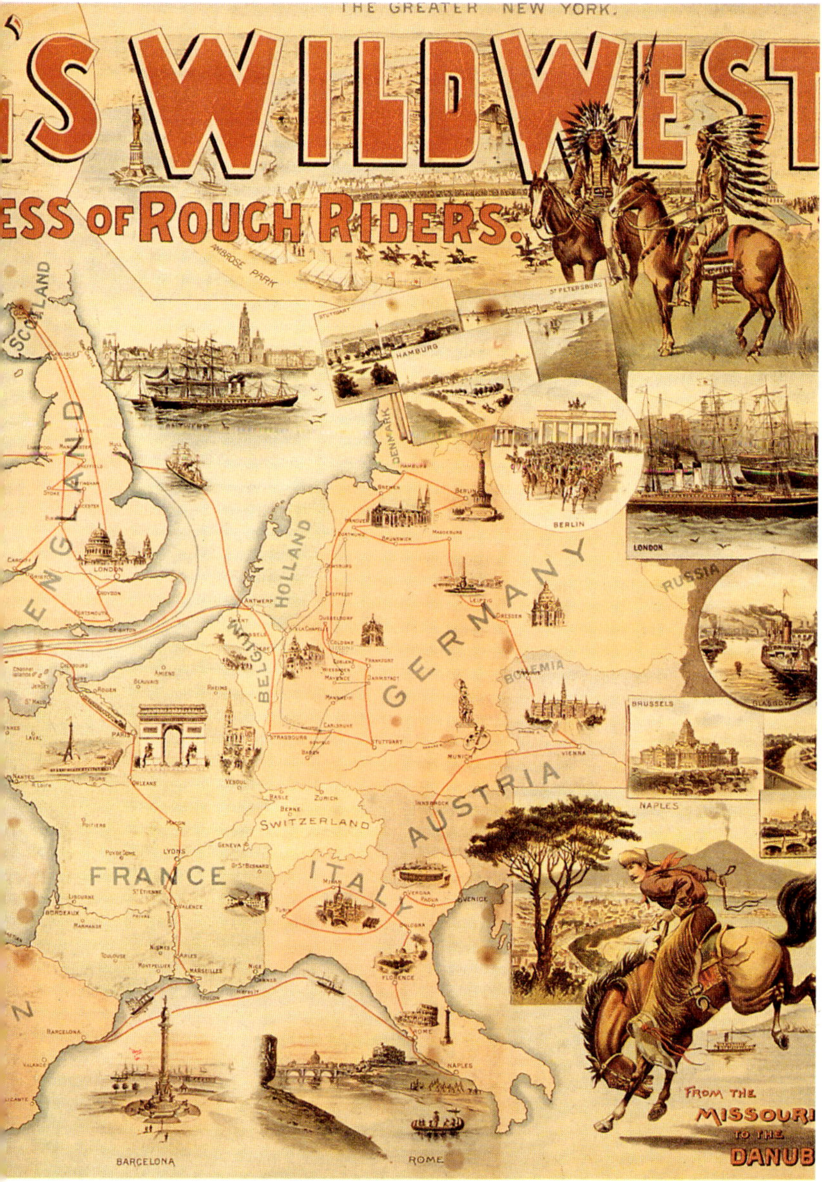
THE GREATER NEW YORK.
S WILD WEST
ESS OF ROUGH RIDERS.
AMBROSE PARK
ST PETERSBURG
STUTTGART
HAMBURG
SCOTLAND
ENGLAND
DENMARK
BERLIN
LONDON
LONDON
HOLLAND
ANTWERP
BELGIUM
GERMANY
RUSSIA
BOHEMIA
GLASGOW
BRUSSELS
PARIS
VIENNA
MUNICH
AUSTRIA
NAPLES
SWITZERLAND
FRANCE
LYONS
ITALY
VENICE
FLORENCE
ROME
NAPLES
BARCELONA
BARCELONA
ROME
FROM THE
MISSOURI
TO THE
DANUB

s'intéressent au cow-boy, au Soldat bleu, à l'Indien.

En 1885, un ancien cow-boy, Charles Siringo, publie ses Mémoires ; quelques années plus tard, Alfred Lewis rapporte, dans *Wolfville* (1897), les propos d'un certain Old Cattleman. Mais ils ne connaissent pas le succès du roman de Owen Wister, *The Virginian* (1902), dont cinquante mille exemplaires seront vendus en deux mois.

Le Bon, la Brute et l'Héroïne, la mise en scène des valeurs de l'Amérique. La lutte de la société civile contre les forces du Mal et de l'Anarchie. La loi triomphe après un combat où se trouve justifiée la violence des autorités.

Des centaines de westerns sortent des studios d'Hollywood

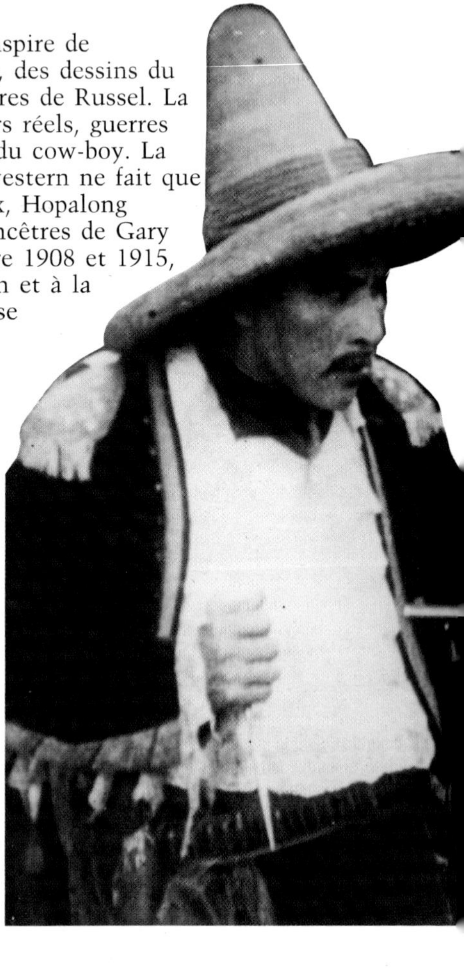

Dès les origines, le cinéma s'inspire de l'iconographie naïve de l'Ouest, des dessins du *Harper's Weekly* ou des peintures de Russel. La fiction s'alimente de faits divers réels, guerres indiennes, péripéties de la vie du cow-boy. La lignée des grandes figures du western ne fait que débuter : Bronco Bill, Tom Mix, Hopalong Cassidy, Buck Jones sont les ancêtres de Gary Cooper et de John Wayne. Entre 1908 et 1915, Hollywood, en pleine expansion et à la recherche de nouveaux sujets, se lance dans le tournage de westerns. Pas plus qu'avant on ne s'embarrasse de la vérité historique, mais Hollywood offre ce qu'aucun *Wild West* n'avait pu réaliser, le paysage. Certes, les acteurs jouaient comme au théâtre et tenaient des dialogues ridicules ; en revanche, la scène se déroulait au cœur du Colorado. La puissance des montagnes, le vaste ciel, l'horizon illimité, les espaces sauvages constituaient un cadre exceptionnel et donnaient une certaine crédibilité aux situations les plus insolites et incongrues.

Le réalisme fut accentué par deux cinéastes, David W. Griffith et Thomas H. Ince, qui employaient d'authentiques cow-boys et Indiens et d'innombrables cascadeurs, et qui ponctuaient leurs films de poursuites et de combats spectaculaires. Avec le développement considérable du cinéma, l'accroissement des budgets, le film parlant et la couleur, le western devint un genre particulier attirant des metteurs en scène de qualité. A l'aide de gros moyens financiers, on reconstitua l'aventure des pionniers, la caravane vers l'Ouest ou la construction du transcontinental. La conquête de l'Ouest a été une aventure terrible pour des milliers d'immigrants et d'Indiens : la légende n'en retient que les héros ou les *desperados*, l'Histoire, elle, regarde les autres, ceux partis faire leur vie là-bas, vers le soleil couchant.

Avec Hollywood, le cinéma apporte une dimension sans pareille à la légende. Toutefois, les excès et les invraisemblances de bien des films conduisent cinéastes et acteurs à réagir. William S. Hart est, dans les années 1912-1914, l'un des premiers acteurs à critiquer et à se moquer des cow-boys chantants.
Mais le western s'est déjà établi légende et l'on continue de produire des films où la violence et le racisme font bon ménage avec la justice.
Pendant et depuis la Seconde Guerre mondiale, des centaines de westerns popularisent l'épopée de l'Ouest dans le monde entier.

TÉMOIGNAGES ET DOCUMENTS

Explorateurs, émigrants,
romanciers, aventuriers, historiens,
tous ont couché dans leurs carnets et leurs lettres,
dans leurs mémoires et leurs rêves,
les images fascinantes de l'Ouest.

Lewis et Clark

Durant les deux ans et demi de leur pérégrination, Lewis et Clark consignent leurs observations dans des carnets. Impressions personnelles, croquis d'animaux, descriptions de plantes côtoient les renseignements ethnographiques sur les Indiens. Ces notes dessinent un portrait de l'Ouest au temps de sa dernière splendeur.

22 juillet 1805. – Nous nous rembarquâmes de bonne heure, et avec un temps très favorable. Nous dépassâmes de belles sources situées du côté méridional du Missouri, et une grande île gisant près la rive septentrionale. Tout le pays, dans la prairie sud, est plat jusqu'à une assez grande distance ; mais dans la partie du nord, les hauteurs sont contiguës à la rivière. A déjeûner, notre Indienne nous dit qu'elle était déjà venue dans cet endroit lorsqu'elle était petite. Après avoir recueilli une certaine quantité d'oignons sauvages, nous fîmes route à 9 heures et demie. Nous eûmes connaissance à midi d'une grande île, et l'après-dîner nous en vîmes plusieurs autres. Nous atteignîmes, peu de temps après, la place où le capitaine Clark et son détachement étaient campés. Ils nous informèrent qu'ils avaient vu la même fumée que nous avions aperçue peu de jours auparavant, et qu'elle provenait d'un feu allumé par les naturels, qui, probablement, avaient découvert quelques-uns de nos gens et s'étaient enfuis, les prenant pour des ennemis. Nous fîmes dix-sept milles et demi dans le cours de notre trajet, et nous campâmes dans une île où nous trouvâmes les moustiques très incommodes. Nous vîmes dans la journée de la neige sur une montagne située à l'ouest de nous. (...)

Du 5 septembre au 14 octobre 1805

Jeudi 5. – Beau temps avec une forte gelée blanche. Les chiens des Indiens étaient si affamés, si voraces, qu'ils mangèrent quatre à cinq paires de nos *mockasins* pendant la nuit. Nous restâmes campés toute la journée, et nous fîmes l'acquisition de plusieurs chevaux, de sorte que nous en avions actuellement quarante. Nous achetâmes aussi trois poulains. Les Tussapas sont un très bon peuple. Ils sont riches en robes et en peaux pour se couvrir, et ils possèdent beaucoup de chevaux, dont quelques-uns sont excellents ; mais ils n'ont pour se nourrir que des baies et des racines. La troupe se rendait sur les bords du Missouri ou de la rivière Jaune, pour chasser le buffle. Ce sont les Indiens les plus pacifiques que j'aie encore vus ; nous en créâmes quatre ou cinq chefs. (...)

Dimanche 15. – Après avoir déjeûné avec les restes du poulain, nous suivîmes le cours de la rivière pendant l'espace de trois milles, et nous reprîmes ensuite notre route à travers les montagnes. En gravissant l'une d'elles, un de nos chevaux tomba, et il fallut huit à dix hommes pour l'aider à se relever. A deux heures, nous fîmes halte devant une source, et nous dînâmes avec nos tablettes et un peu de blé que nous avions épargné, après quoi nous nous remîmes en marche. La nuit nous ayant surpris sur la crête de la montagne que nous traversions, nous fûmes obligés d'y camper. Il n'y avait point d'eau aux environs, mais la neige y pourvut, et nous soupâmes avec nos tablettes.

Lundi 16. – Il avait recommencé à neiger vers minuit, et quoiqu'il neigeât encore lorsque le jour parut, nous nous mîmes en route de bon matin. Bientôt après nous gravîmes la plus haute montagne que nous eusssions encore rencontrée. A trois heures nous nous arrêtâmes pour dîner

avec nos tablettes de bouillon. Ensuite nous fîmes route jusqu'à ce que, parvenus près d'une petite ravine, nous y campâmes pour la nuit. Un autre poulain fut tué pour notre souper. La neige tombait si épaisse, et le jour était si sombre, qu'à peine pouvait-on distinguer une personne à deux cents verges de distance. Dans la nuit et pendant le jour, il était tombé environ dix pouces de neige. (...)

Du 15 octobre au 16 novembre 1805

Mardi 15. – Temps très beau. Nous prolongeâmes notre relâche dans l'île jusqu'après-midi, pour donner le temps à notre bagage de sécher. Les naturels ont de grandes quantités de poissons emmagasinées dans cette île. A trois heures nous chargeâmes le bagage à bord, et nous fîmes route. Nous traversâmes une des parties agréables de la rivière, et nous tuâmes des oies et des canards. La rivière que nous descendions est en général très belle, en exceptant ses rapides où l'on court risque de perdre sa vie et ses effets ; et encore ces rapides, si l'on fait abstraction des dangers de la navigation, peuvent être envisagés comme ajoutant à la beauté de la

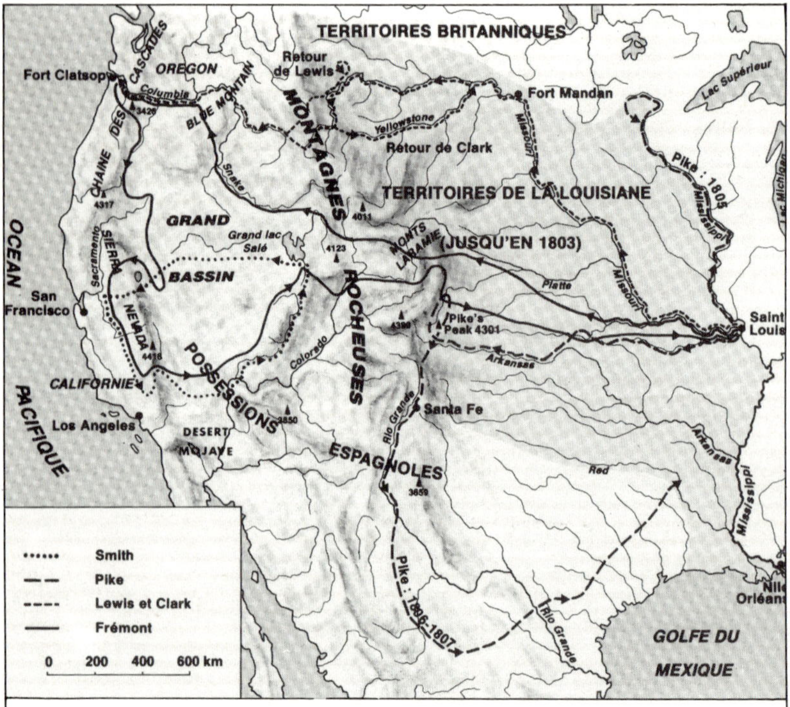

L'itinéraire des grands explorateurs à travers le continent américain.

rivière, par la variété et la grandeur des scènes romantiques qu'ils opposent à l'aspect trop uniforme du pays. Après avoir fait dix-huit milles, nous nous établîmes le soir dans un vieux camp indien, où nous eûmes beaucoup de peine à nous procurer du bois pour notre cuisine, le pays en étant entièrement dénué.

Mercredi 16. – Nous nous embarquâmes de bonne heure, et avec un très beau temps. Nous avions fait environ trois milles, lorsqu'un de nos canots donna contre des rochers dans le passage d'un rapide ; mais en envoyant à son secours un autre canot déchargé, nous réussîmes à le sauver, ainsi que sa cargaison ; après quoi nous continuâmes notre route. Parvenus vers une heure à un autre rapide, nous enlevâmes tous nos effets des canots, et les transportâmes par terre l'espace d'environ un mille. Nous fîmes passer ensuite nos canots deux à deux par-dessus le rapide et sans le moindre accident. Après avoir fait vingt et un milles depuis le matin, nous entrâmes dans la rivière Columbia, qui coule du nord-ouest. Nous y rencontrâmes beaucoup de naturels, dont nous ne pûmes apprendre à quelle nation ils appartenaient. Nous campâmes au confluent des deux rivières. Le pays tout autour est plane, fertile et beau, mais il n'y croît pas de bois.

Jeudi 17. – Nous restâmes campés tout le jour, afin de faire des observations. Les naturels nous procurèrent un assez grand nombre de chiens ; ils avaient du saumon en abondance, mais pas assez frais pour être gardé. Leurs plaines contenaient une grande quantité de lièvres et des oiseaux, dont la grosseur tenait le milieu entre celles du coq d'Inde et du faisan. Nous tuâmes un grand nombre de ces oiseaux, que nous trouvâmes très bons. La petite rivière, à qui nous donnâmes d'abord le nom de Tête-Plate, et ensuite celui de Clark, est une branche de la Columbia. Après avoir couru au nord-ouest, elle se jette dans cette rivière à une distance considérable au-dessus de notre camp, d'où il résultait que nous n'avions jamais dépassé son embouchure. (...)

Vendredi 15. – Le temps parut dans la matinée vouloir se remettre au beau ; mais la rivière était encore très agitée, et ce ne fut que sur les une heure que, le vent étant devenu plus modéré, nous nous remîmes en route après avoir chargé nos canots. À la distance de trois milles nous atteignîmes l'embouchure de la rivière. Nous y débarquâmes sur une grève, en face de l'océan qui, dans ce moment, était plus furieux que Pacifique, et nous nous établîmes le plus commodément qu'il nous fut possible. Un des deux hommes partis avec le canot nous rejoignit ici ; l'autre s'était rallié au détachement du capitaine Lewis. Les Indiens leur avaient volé la nuit précédente leurs armes et leurs effets ; mais ils les leur restituèrent à l'approche du capitaine Lewis et de ces gens.

Samedi 16. – Temps clair et mer assez grosse. Les vagues formaient sur l'océan autant de petites montagnes, qui venaient se briser contre les rivages de la baie.

Voyage des capitaines Lewis et Clark, depuis l'embouchure du Missouri jusqu'à l'entrée de la Columbia dans l'océan Pacifique, fait dans les années 1804, 1805 et 1806
rédigé en anglais par Patrice Grass
et traduit en français par
A.J.N. Lallement,
Paris 1810.

Une femme de l'Ouest

Sur la piste de l'Oregon, les héros ne sont pas tous des hommes. Le western oublie la femme ou la caricature. Le témoignage de Rachel Fisher nous rappelle une certaine réalité, les êtres chers qui vous quittent, la misère des Indiens, mais aussi la détermination d'une jeune femme emportée par le vent d'ouest.

Lettre I

Soixante milles [96,5 km] de Fort Larima [Laramie] le 7e jour du 2e mois 1847.

Chers parents je vais encore m'éforcer de vous préparer une lettre en ne résistant pas à la douleur et au deuil cruel que cela ravive quand j'évoque des choses du présent et imagine l'avenir. John a continué à être malade, parfois moins et ensuite plus jusqu'à ce que, le 7e jour du 6e mois, il soit à l'agonie et le 5e jour le convoi s'était arrêté avant la nuit car il allait plus mal. Le 6e jour j'ai du lui faire mes adieux et je le voyais respirer son dernier souffle de Vie Terrestre sans se débatre ou se plaindre. Semblant tomber dans le doux sommeil de l'éternité. Il ne semblait pas avoir souvenance des choses dès qu'elles dataient de plus d'une semaine avant sa mort mais en même temps il avait toute sa raison pour ce qui s'était passé avant. Il paraissait se rendre compte de sa mort prochaine mais il ne pouvait pas parler beaucoup, ses nerfs étaient

trop atteints. L'endroit où nous l'avons laissé était à 9 milles [14,5 km] de là où nous avions rejoint la Platte tout près du bas-côté de la route dans un petit bosquet. Je pensais y retourner mais je n'avais personne pour me ramener et je ne voyais pas quoi faire de mieux que continuer à avancer. J'ai couché près de Rachel Hockette dans leur charriot et fait la cuisine sur leur feu depuis que je suis seule. Thomas Hockette a conduit pour moi la plupart du temps. Depuis que nous avons dépassé le Fort j'ai Th. Williba [Willibur ?] pour conduire pour moi bien que si je n'avais pas voulu continuer, nous serions retournés en arrière. Nous sommes un convoi de 19 charriots. Les Luelling sont derrière. Nous sommes arrêtés aujourd'hui pour que le bétail se repose. Il y a de la bonne nourriture et de l'eau ici mais c'est la première herbe depuis que nous sommes arrivés dans le [?] Oui tout mon bétail supporte bien le voyage n'ai perdu aucune bête. Nous avons eu de meilleures routes que prévu certaines très montagneuses et rudes, pas beaucoup de beau temps et pas de pluie importante depuis le 6e jour du 6e mois, pluie abondante avant cette date surtout la nuit, nous ne nous sommes pas arrêtés sauf un jour à cause d'une forte pluie c'était le 10e jour du 6e mois. C'est un jour assez mémorable pour le convoi. Dès que les hommes ont pris leur petit déjeuner certains sont partis à la chasse et d'autres ont fait ci et d'autres ça et tout à coup nous avons vu qu'il y avait à peu près 40 Indiens qui étaient près du campement essayant de prendre les chevaux, tous les hommes qui étaient là sont partis à leur poursuite.

Les hommes revinrent bientôt, tous sauf quatres partis à la chasse et trois qui ont prit des chevaux et ont essayé de porter renfort aux autres. Les Indiens dépassèrent la falaise, trouvèrent deux des hommes, T. Hockette et J.M. Robison [,] prirent leurs fusils et tous leurs habits sauf leurs bottes et leurs chapeaux. Ils trouvèrent les deux autres hommes, ne leur prirent rien sauf leurs sacs de poudre. Tous revinrent à l'heure pour le dîner. Nous n'avons vu aucun Indien pawnee depuis. Nous avons atteint Fort Larima ça a fait une semaine hier, le premier jour, les Indiens sont sortis et nous ont rencontré ils attendent des cadeaux.

Des gars de l'Oregon nous ont maintenant croisés, ne nous dépasseront plus. Nous envoyons nos lettres par eux. Ma petite fille et moi sont en bonne santé en ce moment.

7e jour du 5e mois 1847.

Je viens de fermer ma lettre à la hâte. Mais deux autres hommes de l'Oregon sont arrivés, vont attendre quelques minutes, je veux que vous veniez si vous pouvez et dès que vous pouvez car il n'y a aucun doute que je vais me sentir très isolée, j'avais commencé à dire quelque chose à propos des Soux [Sioux]. Ils se plaignent que tous les bisons qui étaient près de la route ont disparu, ils doivent parcourir 30 milles [48,3 km] pour trouver leur subsistance c'est pourquoi ils attendent une petite contribution de chaque convoi d'émigrants mais ils sont très reconnaissants pour le moindre présent, jusqu'ici ils sont Amicaux & misérables et voleurs, ils ont volé plusieurs chevaux à notre connaissance. Leurs femmes sont en général joliment habillées à leur mode. Il y a environ 50 hommes qui semblent blancs qui s'appellent des Français autour du Fort.

de votre fille Rachel Fisher

et maintenant quelques lignes à John Lewelling, je veux qu'il arrange toute notre affaire qui lui était confiée tout à fait légalement, je veux qu'il donne à Stephen Frazier une lettre de crédit de 35 $ qui nous est due par John Rader pour lui permettre de se décider à partir s'il le souhaite, si vous le pouvez gardez-vous saufs.

Rachel W. Fisher

Lettre II

Territoire de l'Oregon – Comté de Tuality 3e mois 13e jour 1848

Très respectés Parents et Frères et Sœurs si souvent présents à ma pensée je suis à nouveau assise pour vous écrire, pour vous faire savoir de mes nouvelles. Je suis arrivée à Portland sur la Willamette à 13 milles [21 km] après Oregon City peu après le 15e jour du 11e mois, cela fait 7 mois entre le moment où je suis partie jusqu'à ce que j'arrive à un endroit où m'arrêter, dont près de 2 mois que j'ai passé à descendre la Columbia. Vous pouvez imaginer une partie de mes sentiments depuis que je vous ai quittés, mais vous pouvez seulement imaginer. Vous pouvez penser que j'avais des ennuis avant, mais mes ennuis en Iowa n'étaient rien comparés à ce que j'ai connu depuis que j'ai quitté chez nous, étant dépossédée de l'un des deux objets que je tenais pour plus cher que n'importe quel autre objet terrestre, sur la Platte. Ensuite j'ai pensé que ma petite Angeline m'était plus chère que tout ce qui avait jamais été cher à mes yeux, étant la dernière personne qui reste de ma famille. Mais hélas, le jour était proche où j'allais la voir étendue dans sa tombe silencieuse. Je vous ai écrit depuis sa mort mais, pensant qu'il n'est pas sûr que vous l'ayez eue, je vais vous faire le récit de sa maladie & de sa mort. J'ai découvert sa maladie le 11e jour du 8e mois, elle avait l'air bien et très joueuse toute la matinée, quand nous nous sommes arrêtés pour prendre le repas. Elle boitait mais était encore très gaie et elle a mangé son diner apparemment comme d'habitude. Peu après le repas elle a eu de la fièvre, ce qui a très rapidement augmenté sa claudication (que nous avons bientôt trouvée être située dans sa cuisse juste au-dessus du genou), elle a commencé à avoir mal, cela a empiré pendant la nuit.

Le matin suivant elle a commencé à avoir des convulsions et elle est morte vers midi. La maladie semblait étrange mais elle ne l'était pas plus qu'elle était affligeante. Une gangrène sembla s'emparer d'elle avant sa mort. Vous pouvez juger de ma solitude et rendue encore plus solitaire par le conducteur du charriot qui s'est noyé le 3e jour de la semaine suivante. (Il s'est noyé dans la Snake River à 3 ou 4 jours de voyage avant que nous arrivions au premier croisement en essayant d'atteindre l'autre rive à la nage vers une source qu'il désirait voir, qui lui paraissait être une curiosité, il n'alla pas plus loin que la moitié de la traversée.) Il s'appelait I.M. Robison.

Je suis tombée malade peu après avoir traversé la Snake River & restée environ six semaines sans pouvoir faire mon travail. Je vais passablement bien depuis que je suis remise bien que je n'aille pas aussi bien qu'avant.

Je me suis arrêtée à Portland pendant environ un mois après mon arrivée ici, mais mon bétail ne se portait pas bien et, ayant entendu dire que le terrain était meilleur sur les plaines, j'ai décidé de déménager et de passer l'hiver chez Isaac Mills (un beau-frère à William

Lech du bourg d'Economy). Enos T. Mendenhall faisait la classe chez Mills & j'ai commencé à y aller le 20e jour du 12e mois et continué jusqu'au 18e jour du 2e mois. J'ai étudié presque la moitié du livre d'arithmétique de Smith. Mais Enos et moi-même nous sommes mis à prendre en considération une autre question, l'école a été interrompue et le 2e jour du 3e mois nous avons tous les deux joint les mains pour nous marier – moi avec William A. Mills, le plus jeune fils d'Isaac, âgé de 22 ans, et Enos avec une sœur âgée de 16 ans. William et moi vivons chez son Père dans Une maison à nous. Nous avons le projet d'aller à Willamet cet automne, mais nous ne savons pas si nous le ferons ou non, c'est si mal commode de s'approvisionner.

Je dois maintenant vous laisser imaginer la raison de mon changement de manière de vivre, Et vous dire quelque chose d'autre. La santé semble être bonne dans les plaines, les gens ont bonne mine et le cimetière semble n'y avoir que peu d'utilité. A Portland (qui est à 24 miles [38,6 km] d'ici), ils ont des accès de fièvre certains, mais la deuxième personne qui en est morte dans la région a été enterrée pendant mon arrêt à Portland, & cette personne était un émigrant. Il y a eu Beaucoup de morts sur la route cette saison et plus encore parmi les émigrants après leurs arrêts sur la Columbia & la Willamette. J'ai eu connaissance de 3 ou 4 morts dans diférentes familles, celles qui sont arrivées dans les plaines (de Tuality) ont voyagé dans de meilleures conditions en général. J'étais à Oregon City peu après avoir descendu le fleuve. Je suis restée avec Abrilla Trimble pendant ce temps, elle allait moyennement bien et son esprit moyennement bien aussi. Elle m'a dit qu'elle ne s'était jamais sentie bien dans sa tête depuis qu'elle avait reçu la nouvelle qu'Edward était en route pour venir, qu'elle était sûre que la misère l'avait tué. Depuis ce moment elle a appris des choses sur les circonstances qu'elle ne savait pas avant. Je pense d'après tout ce que j'ai appris qu'il avait été gravement blessé et qu'il est mort dans de grandes souffrances.

Oregon City semble être une petite ville très prospère, il y a quelque chose comme un esprit de réforme qui existe ici, il y a un groupe antialcoolique, un lycée, deux écoles communales et deux églises différentes ici. L'ambiance de l'endroit me semble plus violente que partout ailleurs où j'ai été en Iowa. La falaise qui commence à un jet de pierre de la rivière ne laisse pas beaucoup de place pour une ville, mais ses avantages de privilèges de moulins ne peuvent être surpassés à aucun endroit, les chutes de la Willamette étant à l'extrémité supérieure de la ville. Portland est le centre de la navigation de bateaux, il y a eu entre 15 & 20 bateaux ici au cours des douze derniers mois, c'est une meilleure situation pour une ville qu'Oregon City malgré que c'est fortement boisé. On ne semble pas beaucoup penser à autre chose qu'à s'enrichir à Portland ni ailleurs en Oregon pour autant que je sache car je n'ai pas participé à une seule réunion d'aucune sorte depuis que je suis arrivée ici sauf une qui devait être dansante et qui ne m'a pas assez intéressée pour m'amener à y assister.

Il y a une grande demande de mécaniciens de différentes branches, c'est-à-dire ébénisterie, sièges, bourellerie, tonnelage, cordonnerie, instruments de vannage, de battage du blé, tannage, briqueterie et construction, fabrication de chapeaux, de roues, charpenterie et installateurs de moulins, tous ces métiers sont beaucoup demandés et peut-être d'autres encore auxquels je ne pense pas. Le travail ordinaire des hommes est payé [blanc] par jour, la fabrication des barreaux de chaise, le travail des femmes est payé entre 1 & 3 dollars par semaine. Le blé coûte 7 $ le boisseau, le porc entre 6 et 10 cents la livre, le lard de 16 à 20 [pas d'unité], le sel 50 cents le boisseau (achat minimum), le Sucre de 5 à 12 cents la livre, le café de 3 à 5 livres pour 1 $, le tissu de 10 à 20 cents le yard [0,914 m], le bœuf de 2 1/2 à 3 cents la livre. Le bétail comme les bœufs de trait est bon marché, les vaches américaines se vendent un bon prix. Les charriots sont bon marché. Les bons chevaux américains sont très demandés. Les mulets sont très demandés. Il y a beaucoup de cochons ici mais ils sont chers. Ils ne nourrissent pas le bétail ici comme en Iowa. Isaac Mills a tué des cochons qu'il n'avait pas eu besoin de nourrir un seul jour et qui pesaient pourtant de 2 à 300 [pas d'unité]. Le bétail est en bon état, mon bétail va bien. La petite vache a donné du lait tout le temps depuis que nous avons quitté l'Iowa et encore maintenant elle donne suffisamment de lait et de beurre pour nous. Le climat est tout à fait aussi bon que je l'espérais. Je n'ai pas eu plus froid depuis que j'ai arrêté de voyager que je n'avais eu froid en Iowa en juin. Il y a eu du beau temps, soleil qui brille souvent durant l'hiver bien qu'il ait un peu plu et neigé. La plus forte neige que j'ai vu ici n'a pas dépassé 3 inches [7,5 cm] d'épaisseur en un jour, on dit que certains hivers sont beaucoup plus froids que celui-ci n'a été. Les légumes poussent bien ici (Mère, j'ai passé cet hiver où je pouvais avoir de la moutarde et d'autres légumes verts tout le temps & j'ai vécu pendant les trois derniers mois avec une femme que je n'ai jamais entendu récriminer une seule fois. C'est la mère de Wm. Elle a plus ressemblé à une mère qu'aucune femme que j'ai vu depuis que je t'ai quitté.)

Il y a différentes sortes de fruits qui poussent ici en abondance, comme les fraises, les groseilles à maquereaux, les framboises, les mûres, les airelles myrtilles, les canneberges, les mûres des haies, etc. Il n'y a pas beaucoup de fruits poussant sur les arbres sauf s'ils sont plantés. Je n'ai pas entendu parler de prunes ni de raisins. Il y a des pommes sauvages. Elles sont très petites. Les bois qu'on trouve ici sont le pin, le pin sylvestre, le cèdre, le sapin ciguë, le chêne blanc, l'aulne, le frêne, le peuplier, le cornouiller, le cerisier, l'érable & le noisetier, les plus fréquents étant les arbres à feuilles persistantes. On fait des balais, des cercles de tonneaux et des harts du noisetier. Ils utilisent aussi le cerisier pour les balais, etc. Wm dit qu'il a vu semer du blé chaque mois de l'année sauf en juillet et en août et qu'ils produisent du bon froment. Il est là depuis 4 ans et il aime bien le coin. Je ne peux pas dire si je l'aime ou non car je n'en ai pas vu grand-chose. Pour ce que j'en ai vu jusqu'à maintenant ça ne me semble pas aussi beau que l'Iowa, mais peut-être le climat doux et sain va-t-il contrebalancer le manque de beauté de la région et peut-être que quand j'en aurai vu plus, je serai plus charmée. Il y a de la truite & du saumon en-veux-tu-en-voilà. & il y a beaucoup de daims, d'ours, de tigres, d'orignaux, de panthères et de loups. Il y a par ici des poulets, des dindons et des canards, qui sont domestiques ou sauvages, des volailles comme il y en avait avant en

Iowa sauf les dindons sauvages, il n'y en a aucun ici.

[Seule partie de la page suivante qui existe encore :]

et si jamais l'un de vous est en route et qu'il lui arrive de voir ça, écrivez-moi par où vous arrivez et si vous risquez d'avoir besoin d'aide ou pas & je pense que je vous rencontrerai si la maladie ne m'en empêche pas. Je vais maintenant finir ma lettre dans la fidèle confiance que le Grand Ordonnateur de l'univers puisse nous guider afin que nous nous retrouvions ici ou après et je vous fais donc mes adieux.

A tous mes parents et amis

Wm A. Mills
Rachel Mills

The American West, nov. 1983
Traduit par Marianne Bonneau,
en conformité avec le texte original

Le lot de bien des pionniers à leur arrivée dans l'Ouest : une cabane perdue dans un milieu sauvage et hostile.

Face au réel

En 1851, les États-Unis sont en marche vers l'Ouest lorsqu'un Genevois de dix-sept ans, Théodore Bost, abandonne une « Europe prisonnière des traditions ». Il erre de ville en ville en progressant vers l'Ouest où il s'installera après son mariage avec Sophie Bonjour. « Pour venir en Amérique et être bien il faut de l'argent », regrette le jeune ambitieux.

Lettre de Théodore à ses parents

30 avril 1855
d'Oakhill en passage
puis en ?...
puis à Saint Paul

Bien chers parents,

Me voici en route pour l'Ouest. Parti ce matin lundi 7 heures, je dînai à Acra à une heure... 7 heures du soir, me voici à Oakhill, station de chemin de fer vis-à-vis de Catskill. Traversé l'Hudson en petit bateau ; le fleuve a 3/4 de mille de large, mais cela n'a plus rien d'étonnant pour moi, après avoir vu le Richelieu et le Saint-Laurent.

Timothée vous aura sans doute écrit que les Trustees ont loué pour un piastre l'Institut à Mr. Pearson et à l'économe ; nous pourrions tous faire un procès (et le gagner) pour avoir notre salaire pour l'année entière, mais les Trustees n'ayant pas le sou, ils ne pourraient nous payer. Mr. P. ne

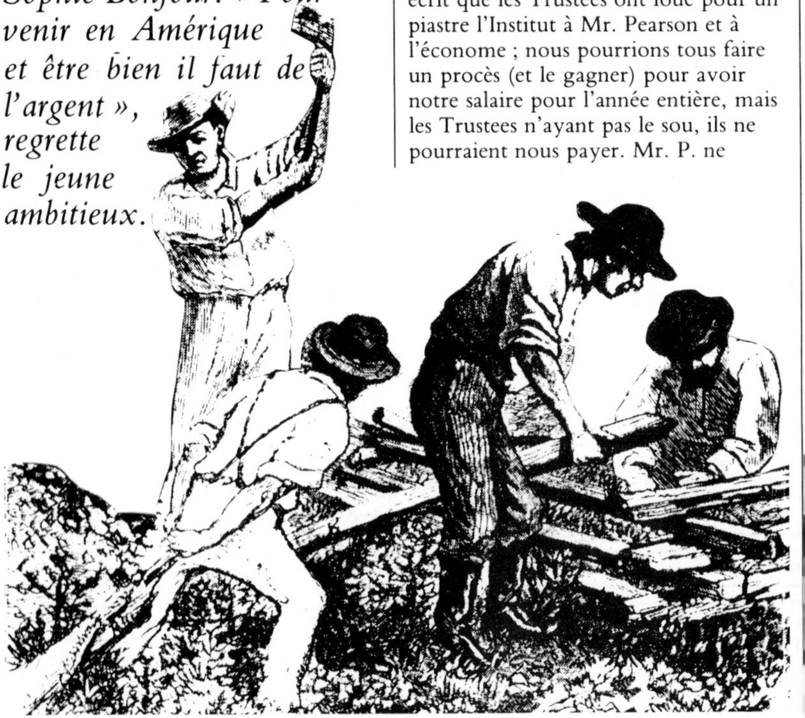

pouvant avoir 11 maîtres pour 60 élèves, a renvoyé 6 d'entre nous et deux autres vont s'en aller aussi. Pendant les vacances d'il y a un mois, j'avais dépensé 25 piastres en habits, etc., pensant rester là tout l'été, mais cet argent, quoique j'en aie grand besoin à présent, n'est pas tout perdu ; ces habits me feront, je pense, pour longtemps. Les Trustees me doivent encore 16 piastres outre l'argent qu'ils m'ont fait dépenser inutilement, et l'ennui d'être sans occupation.

Je me suis décidé à rompre avec l'Amérique de l'Est, et à aller à l'Ouest voir si je n'y aurai pas meilleure chance, j'espère que oui. Outre 25 piastres qui me restaient, j'en ai emprunté 6 de l'économe, et une dame Teucher m'en a donné 5 autres, mais je les lui renverrai quand je pourrai, parce que les leçons que je lui ai données me faisaient plus de plaisir que de peine. On me demandait hier : Où allez-vous ? Je ne sais pas. Qu'allez-vous faire ? Je ne sais pas. Et cela est vrai mais je suis déterminé à aller droit devant moi dans l'Ouest et à travailler à n'importe quoi. Un Américain de mes amis qui avait entendu mes réponses ci-dessus me dit : « Vous êtes de ceux qui réussiront puisque vous parlez ainsi, mais également je ne voudrais pas être dans votre cas pour le présent. » – Je ne suis pas du tout inquiet, Dieu y pourvoira. Je suis venu une partie du chemin avec cet Américain (il était professeur avec moi) et c'est en le quittant que je me suis senti seul, seul, seul, mais je n'ai pas pleuré, quoique cela m'arrive facilement et que je quitte de bons amis. Que Dieu les bénisse tous !

Catskill est 35 milles au sud d'Albany et 160 de New York City. Ashland 50 milles à l'ouest dans les Catskill Mountains ; il y fait assez froid à présent. Point de feuilles sur les arbres, nulle part d'Ashland à Catskill. Je pars dans une heure pour Albany et de là pour Buffalo au bout du lac Erié puis, s'il plaît à Dieu, passerai en chemin de fer par-dessus ou plutôt à côté de et par-dessus les chutes du Niagara, passerai dans le haut Canada jusqu'à Detroit (Michigan) à l'ouest du lac Saint-Clair. De là, Dieu me montrera ce que je dois faire et où je dois aller. Je pense être cinq jours et nuits sans m'arrêter mais je suis solide. Dans les wagons d'Europe on peut dormir, mais ici où à chaque 6 milles de nouveaux passagers entrent, font un train à tout réveiller, et où les cahots vous font sauter sans cérémonie, il n'y a guère de chances de dormir. J'écris au crayon, n'ayant pas d'encrier portatif, j'espère que vous pourrez pourtant lire cette lettre. Je voudrais aussi que vous la conservassiez car, plus tard, j'aimerais bien relire mes premières lettres d'Amérique et surtout celle-ci qui annonce un si grand changement dans mon existence. Jusqu'à présent, je n'ai pas été en Amérique, j'ai été dans une espèce d'Europe manquée, avortée, ou tout ce que vous voudrez.

J'ai trouvé un peu la vie dure ce matin en pensant que j'allais quitter des personnes bien élevées pour ne plus être que parmi des personnes du commun, et j'ai été surpris de voir comme je suis plus aristocrate qu'il y a trois ans ; j'espère être bientôt guéri de ce défaut. Il y a de la canaille dans toutes les classes, il y en avait deux parmi les professeurs et il y en a partout. Ces deux-là, après avoir insulté les maîtresses, se mirent après moi, me disant que les Américains avaient le droit d'insulter les étrangers comme ils voulaient. Je ne niai pas le fait mais appliquai à l'un d'eux (qui avait appris à boxer) un coup de poing entre les deux yeux qui le fit rester les quatre fers en l'air ; il me menaça de me tuer, je lui ris au nez. Toute la faculté était fâchée que je me fusse arrêté au premier coup de poing, j'aurai dû continuer. Le comité toutefois me dit qu'il espérait que je ne le referais pas. Je lui répondis par écrit d'une manière très forte et ils admirèrent ma réponse, je ne sais ce qu'ils y ont trouvé d'admirable car c'était une lettre salée contre les Américains. Il paraît que les deux autres en ont reçu une leçon de la part du comité, car ils sont partis et ne sont pas revenus. Je suis persuadé que si je n'avais pas donné ce coup de poing ils m'auraient cru dans mon tort et ils ont eu assez de bon sens pour penser que ce qui me fait donner un coup de poing est quelque chose de grave.

Après cette affaire, tous les maîtres et les maîtresses me témoignèrent beaucoup plus d'amitié qu'avant, et beaucoup d'élèves aussi. C'est comme cela qu'il faut être ici, même parmi les chrétiens. Si un homme (ne se défend pas) il est appelé lâche, ne valant pas grand-chose. S'il se fait respecter des autres, n'importe de quelle manière, il est un homme fameux... et il y a du vrai là-dedans. Dans un pays et dans un âge où tout le monde agit pour soi et où personne n'agit pour les autres, chacun a le droit de se faire respecter. Nous sommes notre prochain, et quoique ça m'ennuie beaucoup, je dois agir d'après ce principe assez souvent. Mais assez pour ce soir, j'aurai assez de quoi remplir cette lettre cette semaine. Adieu, adieu.

Lettre de Sophie Bonjour aux parents de Théodore

Bien chers parents,

Je suis bien fâchée de ce que nous vous avons laissés si longtemps sans lettres pendant ces terribles temps de crainte à propos des Indiens, et je ne sais trop comment cela s'est fait. Tout d'abord nous n'avions aucune idée que les papiers de chez vous s'inquiéteraient de cette révolte, et puis nous étions dans un tel trouble que nous ne savions trop que croire et qu'écrire. Nous ne saurions être assez reconnaissants d'avoir été ainsi épargnés, n'est-ce pas ? Et aussi, je vous assure, de ne pas nous être enfuis en laissant tout notre petit avoir à la merci du bétail et des maraudeurs qui profitaient de la panique pour piller les maisons et voler les récoltes.

A présent les choses ont repris leur train accoutumé par ici, et nous parlons en riant du décampage de tous nos voisins, et de bien de drôles de scènes qui se sont passées par le pays : mais à l'Ouest de nous tout est désolé – des feux de prairie ont détruit en grande partie ce que les Indiens n'ont pas touché et que les habitants avaient déserté par frayeur, et là où ils ont ravagé, tué et brûlé il va sans dire que c'est pire encore ; quantité de bétail avait été abandonné, et a été volé ou perdu ou tué par les soldats – tout cela se remettra avec le temps si les Indiens sont emmenés là où ils ne pourront plus faire de mal à personne.

Pour le moment les sauvages sont en fuite, excepté quelque 1 500 prisonniers, dont 300 ont été condamnés à mort – mais dont le sort n'est pas décidé, le gouvernement de Washington s'opposant à leur exécution. Puis 3, ou 400 au Fort Snelling, qu'on dit innocents et qu'on va garder là cet hiver. Mais on croit que « Little Crow », le chef sioux, et « Hole in the Day », le chef des Chippewas, sont vers le Missouri à se

concerter avec d'autres tribus pour une grande attaque au printemps. S'ils osent s'y frotter, je crois qu'ils en auront assez et plus qu'ils n'en veulent : ce n'est que leur attaque si subite et inattendue qui leur a donné de l'avantage cet automne et d'ailleurs ils n'ont réussi que dans des attaques sur des maisons isolées où les pauvres pionniers se croyaient si en sûreté que la plupart ne possédaient pas même de fusils, et dans les villages tout aussi peu préparés à se défendre et dont presque tous les hommes étaient à la guerre : ils ont été repoussés de tous les forts, quoique tous fussent très mal gardés : mais les habitants se sauvant dans les forts aidaient à la garnison.

Mais qui dira combien de pauvres petites créatures perdues dans les prairies ou les forêts ont péri misérablement – combien de mères dont le cœur saigne plus amèrement que si elles avaient elles-mêmes déposé leur enfant dans la tombe ! Et puis que d'enfants orphelins, que de femmes dont les maris ont été égorgés sous leurs yeux. Oh ! cela fait frémir ! Je n'oublie pas non plus d'un autre côté que ces Indiens ont été trompés et volés par les agents du gouvernement. Tout cela est bien affreux, et je m'étonne souvent que nous ayons vécu si tranquillement pendant que tout cela se passait si près de nous.

Point de nouvelles d'Alphonse Bonjour.

Adieu à tous. Baisers bien tendres à tous et à chacun en particulier.

les Derniers Puritains, Pionniers d'Amérique, Lettres de Théodore Bost et Sophie Bonjour,
Hachette 1977

Un romantique sur la piste

Passionné d'histoire, Francis Parkman décide à vingt-trois ans de visiter les Sioux des Plaines. Accompagné d'un trappeur, Henry Chatillon, il suit la piste de l'Oregon en 1846. Parkman se prend d'une véritable passion pour l'Ouest, dont il se fait le propagandiste exalté. Dans son récit, il s'attarde sur l'anecdote, dessine des portraits romantiques, restitue le climat d'une époque où le comique côtoie le drame.

Nous étions arrivés au bout de notre marche solitaire le long de la piste de Saint Joseph. Le soir du 23 mai, nous campâmes près de l'endroit où elle rejoignait la vieille piste des émigrants de l'Oregon. Nous avions marché longtemps cet après-midi-là, essayant en vain de trouver du bois et de l'eau, jusqu'au moment où nous vîmes enfin le soleil se refléter dans une mare entourée de buissons et de rochers. Nous y dressâmes nos tentes, non sans que l'œil perçant d'Henry Chatillon n'ait discerné quelque chose d'inhabituel sur une des éminences aux contours incertains. Mais, dans l'atmosphère brumeuse et humide de la soirée, on ne pouvait rien distinguer clairement. Tandis que nous étions allongés autour du feu après le dîner, un bruit lointain et étouffé, étrange dans la solitude de la Prairie, parvint jusqu'à nos oreilles — des éclats de rire et des voix affaiblies d'hommes et de femmes. Depuis huit jours nous n'avions pas rencontré un seul être humain et cette annonce singulière de leur proximité produisait un effet des plus impressionnants.

Au crépuscule, un type au teint jaunâtre descendit la colline à cheval et, traversant la mare, remonta vers nos tentes. Il était enveloppé dans un grand manteau et son chapeau de feutre à larges bords lui tombait sur les oreilles à cause de l'humidité du soir. Un autre suivit, un homme solide, carré, à l'air intelligent, qui se présenta comme le chef d'une troupe d'émigrants campant à un mille devant nous. Il y avait là, dit-il, une vingtaine de fourgons ; le reste de la troupe était sur l'autre rive de la Grande Bleue, attendant qu'une femme ait accouché et se querellant entre eux.

C'étaient les premiers

“Nous vîmes les caravanes d'émigrants, dont les lourds fourgons blancs formaient un lent cortège suivi d'un gros troupeau.”

émigrants que nous ayons rejoints, bien que nous ayons rencontré des traces abondantes et mélancoliques de leur passage au cours de notre progression. Parfois, nous dépassions la tombe de quelqu'un qui était mort en route. Le sol était le plus souvent piétiné et couvert d'empreintes de loup. Certains avaient échappé à cette violation. Un matin, un morceau de planche dressé au sommet d'une colline attira notre attention. Nous trouvâmes les mots suivants grossièrement tracés, apparemment à l'aide d'un morceau de fer chauffé au rouge :

Mary Ellis
Morte le 7 mai 1845
Âgée de deux mois.

De pareils témoignages n'étaient pas rares.

Il était tard lorsque nous levâmes le camp le lendemain matin. A peine nous étions-nous mis en route que nous aperçûmes, loin devant nous, une file d'objets qui se suivaient à intervalles réguliers. Une colline les dissimula bientôt, mais après l'avoir franchie nous vîmes la caravane des émigrants, dont les lourds fourgons blancs formaient un lent cortège suivi d'un gros troupeau. Une demi-douzaine de Missouriens aux faces jaunes poussaient des jurons et des cris. Leurs corps maigres étaient vêtus d'un tissu brun assez grossier, et ces habits avaient été visiblement coupés par des mains féminines. Comme nous approchions, ils nous crièrent : « Comment ça va, les gars ? Vous êtes pour l'Oregon ou la Californie ? »

Comme nous passions rapidement près des chariots, des visages d'enfants sortaient de sous les bâches blanches pour nous regarder, tandis que la mère de famille au visage amaigri par le souci, ou une jolie fille, assises à l'avant, interrompaient l'ouvrage de tricot qui les occupait presque toutes, pour nous regarder d'un air surpris. Auprès de chacun des fourgons marchait le propriétaire : il encourageait ses bœufs patients qui progressaient lourdement, pas à pas, sur la route interminable. Il était facile de voir que la crainte et la discorde régnaient parmi ces gens. Certains des hommes — mais ceux-là, à une exception près, étaient célibataires — nous regardaient avec envie passer rapidement près d'eux, puis jetaient un coup d'œil impatient à leurs chariots pesants et à leurs bœufs au pas lourd. D'autres refusaient d'avancer jusqu'à ce que le groupe resté derrière eux les eût rejoints. Beaucoup murmuraient contre le chef qu'ils avaient choisi et souhaitaient le changer, et ce mécontentement était entretenu par quelques esprits ambitieux qui espéraient lui succéder. Les femmes étaient partagées entre le regret du foyer qu'elles avaient quitté et la peur des déserts et des sauvages qu'il leur faudrait affronter. (...)

Il était probable qu'à ce stade de notre voyage les Pawnees essaieraient de nous voler. Nous commençâmes donc à monter la garde à tour de rôle, en divisant la nuit en trois quarts et en désignant deux hommes pour chacun. Deslauriers et moi, nous montions la garde ensemble. Nous ne faisions pas les cent pas devant les tentes avec une précision militaire — notre discipline n'était pas aussi stricte. Enveloppés dans nos couvertures, nous étions assis devant le feu, et Deslauriers, combinant ses fonctions culinaires et ses devoirs de sentinelle, s'était mis à faire bouillir une tête d'antilope pour notre petit déjeuner. Mais nous étions des modèles de vigilance en comparaison avec certain des nôtres, car ils avaient l'habitude de poser leur fusil sur le sol et, le nez enveloppé dans leur couverture, de rêver à leur maîtresse ou à n'importe quoi d'autre. Cela va bien tant qu'on se trouve au milieu d'Indiens qui se contentent de voler les chevaux et les mules des voyageurs — encore qu'on ne puisse se fier à la modération d'un Pawnee — mais dans certains coins plus à l'ouest l'homme de garde doit veiller à la façon dont il s'expose à la lumière du feu, de crainte qu'un tireur à l'œil vif, caché dans l'ombre, ne lui envoie une balle ou une flèche.

En regardant mon partenaire occupé à souffler sur son feu, l'idée me vint qu'il pourrait ne pas être l'auxiliaire le plus efficace en cas de difficulté.

« Deslauriers, dis-je, est-ce que tu filerais si les Pawnees tiraient sur nous ? — Ah ! oui, oui, Monsieur ! », répondit-il sans la moindre hésitation. A cet instant, une bizarre variété de bruits — des aboiements, des

hurlements, des jappements et des gémissements — arrivèrent de la prairie, pas très loin, comme si un conclave de loups de tous âges et de tous sexes s'y trouvait rassemblé. Deslauriers releva la tête en riant et se mit à imiter ce mélange de bruits avec une justesse comique. Les bruits redoublèrent, comme si le musicien était indigné par les heureux efforts d'un rival. Tout cela sortait de la gorge d'un seul petit loup, pas plus gros qu'un épagneul, assis tout seul à quelque distance. Il appartenait à l'espèce qu'on appelle le loup des prairies : une petite brute à l'air sinistre, mais inoffensive, dont la pire inclination est de se glisser au milieu des chevaux pour ronger les lanières de cuir qui les attachent. D'autres bêtes rôdent dans les prairies, beaucoup plus redoutables par l'aspect et le caractère. Ce sont les grands loups blancs et gris, dont nous entendions les hurlements par intervalles.

(...) Quelques jours passèrent et nous conduisirent près de la Platte. Un matin, deux hommes s'approchèrent de nous et nous les regardâmes avec la curiosité et l'intérêt que, dans la solitude des plaines, une telle rencontre excite toujours. Ils étaient manifestement blancs, quoique, contrairement à l'usage de la région, ni l'un ni l'autre ne portât de fusil.

« Ils sont fous, remarqua Henry Chatillon, de circuler comme ça dans la Prairie. Si les Pawnees les rencontrent, ils auront leur compte. »

Francis Parkman,
la Piste de l'Oregon,
1re éd. 1848. Fayard 1980

Le général du chemin de fer

Grenville M. Dodge révèle ses talents d'ingénieur militaire au cours de la guerre civile. Général à la fin du conflit, il est chargé, en 1866, de l'organisation de la construction de l'Union Pacific. Il entre alors en campagne contre la Nature, les Indiens et ses milliers d'ouvriers, qu'il mène comme sur un champ de bataille. En 1910, il publie « Comment nous avons construit l'Union Pacific Railway », où il dévoile sa stratégie.

Dans ces plaines éloignées de toute civilisation, l'organisation se décomposait comme suit : chacun de nos groupes de travaux préliminaires comprenait un chef ingénieur expérimenté, deux assistants, également ingénieurs civils, des spécialistes de la voie, des signaleurs et des aides-arpenteurs qui, généralement, étaient des ingénieurs civils diplômés, mais dépourvus de toute expérience pratique. Il y avait, en outre, des bûcherons, des charretiers et des bouviers. Lorsque le groupe était censé se nourrir de gibier du pays, il s'augmentait d'un chasseur. Chaque groupe comprenait ainsi de dix-huit à vingt-deux hommes, tous armés. Quand ils opéraient en pays indien hostile, on les entraînait suivant les règles, ce qui devint inutile après la guerre de Sécession, la plupart d'entre eux ayant servi dans l'armée. Chaque groupe était généralement pourvu, lorsqu'il pénétrait dans une région occupée par des Indiens hostiles, d'une escorte militaire dont le nombre variait de dix hommes à une compagnie, et qui était placée sous les ordres d'un officier compétent. Cette escorte avait pour mission de protéger le groupe au bivouac. Aux heures de travail, l'escorte occupait le plus souvent les collines les plus élevées, commandant l'étendue de terrain où le groupe devait opérer, de façon à repousser les attaques soudaines des Indiens. Malgré cette protection, les groupes étaient souvent attaqués, leurs chefs ou plusieurs de leurs hommes tués ou blessés, et leurs bêtes dispersées.

Pendant les travaux préliminaires en pays découvert, un groupe parcourait de huit à douze milles par jour. Au cours des repérages en pays découvert, l'avance était de trois ou quatre milles ; mais, en pays montagneux, elle ne dépassait généralement pas un mille. Tous les hommes travaillaient de l'aube à la nuit ; le chef reconnaissait le terrain en avant et indiquait les rivières à suivre et les points importants de franchissement des hauteurs et de traversée des cours d'eau. Le groupe de repérage, qui suivait celui des travaux préliminaires, possédait les cartes et les profils de terrains choisis pour le passage de la ligne, et consacrait ses efforts à déterminer la ligne de moindre pente et de plus faible courbure selon les terrains traversés.

Dans le cadre de notre travail pour la *Union Pacific*, le corps des constructeurs chargé de niveler la voie par sections de cent milles relayait le groupe de repérage. En règle générale, il fallait trente jours environ, en plaine, pour niveler cette distance ; mais, dans les montagnes, nous devions parfois ouvrir nos chantiers de nivellement plusieurs centaines de milles en avant de la voie, afin d'avoir terminé au moment où la voie les atteindrait. Tout l'équipement nécessaire à ce travail devait être transporté depuis la tête de voie, et le charroi était considérable. Nous utilisions au moins dix mille animaux à la fois et, la plupart du temps, de huit à dix mille ouvriers. L'équipe des constructeurs de ponts travaillait toujours entre cinq et vingt milles en avant de la voie, et il était rare que celle-ci dût attendre un pont. Le matériel nécessaire à la pose d'un mille de voie exigeait l'emploi de quarante voitures, car, dans les plaines, tout : rails, traverses, éléments de pont, pièces d'assemblage, toutes fournitures de chemin de fer, combustibles pour locomotives et trains, vivres pour les hommes et les animaux — et cela, pour tout l'ensemble de l'entreprise — devait être transporté du Missouri. À mesure que nous avancions vers l'Ouest, chaque centaine de milles compliquait donc énormément le problème du transport. Mais le travail était planifié et exécuté avec tant de méthode que je ne parviens pas à me rappeler un seul exemple de retard d'une semaine pour défaut d'approvisionnement, au cours de toute la construction de la ligne...

C'est en 1864 que commencèrent nos ennuis avec les Indiens, et ils se poursuivirent jusqu'à ce que la ligne atteignît Promontory. Nous perdîmes la plupart de nos hommes et de notre bétail au cours de la construction du tronçon qui reliait Fort Kearney à Bitter Creek. A cette époque, il n'était pas un mille de voie qui ne dût être reconnu, nivelé, les traverses posées et les ponts construits sous protection militaire. L'ordre était donné à chaque corps de travaux préliminaires, de repérage, aux équipes de nivellement, de constructeurs de ponts et d'ajusteurs, de ne jamais fuir lors d'une attaque. Tous devaient être armés ; il n'y eut pas, que je sache, un seul exemple de désobéissance à cet ordre, et je n'ai jamais entendu dire que les Indiens aient réussi à chasser de façon permanente une équipe au travail. Je me souviens d'un cas où ils s'abattirent sur une équipe de nivellement, en vue du fort militaire provisoire, qui se trouvait à quelque cinq milles et immédiatement en vue de la tête de voie. La Commission gouvernementale était arrivée pour inspecter la section qui venait d'être achevée et les commissaires assistèrent au combat. Les niveleurs avaient formé leurs armes en faisceaux sur la tranchée. Les Indiens bondirent des ravins et se précipitèrent sur les travailleurs avant que ceux-ci puissent atteindre leurs armes, puis ils détachèrent les animaux, provoquant ainsi une panique. Les commissaires étaient le général Frank P. Blair, le général Simpson et le Dr. White, et ils montrèrent leur courage en courant jusqu'à ma voiture chercher des armes pour prendre part au combat. Nous ne manquâmes pas de profiter de cette expérience car, à son retour dans l'Est, la Commission insista sans relâche sur la nécessité qu'il y avait de nous protéger...

Nous établîmes nos plans de telle sorte que, pour l'année 1868, nous avions 480 milles à construire jusqu'à Salt Lake, et nous résolûmes de tenter d'effectuer, au printemps de 1869, notre jonction avec la *Central Pacific*, à Humboldt Wells, à 219 milles à l'ouest d'Ogden. Au cours des années 1867 et 1868, j'avais prolongé nos travaux préliminaires jusqu'à la limite de l'État de Californie, mes plans avaient été remis à la compagnie et les préparatifs nécessaires étaient faits pour nous permettre de commencer le travail dès que le sol aurait dégelé, c'est-à-dire aux environs du 1er avril. On avait rassemblé suffisamment de matériel en tête de ligne pour prévenir tout délai. Pendant l'hiver, du bois d'assemblage et de construction pour les ponts avait été coupé et préparé dans les montagnes pour être transporté aux points stratégiques de la ligne. Les équipes d'ingénieurs furent envoyées sur les lieux avant la fin des froids, de façon à être prêtes à commencer leur travail aussitôt que la température le permettrait. Je me rappelle que les groupes se rendant à Salt Lake traversaient les montagnes Wasatch en traîneau et que la neige recouvrait le sommet des poteaux télégraphiques. Nous savions tous, et avions bien pris conscience, que la tâche que nous avions préparée demanderait la plus grande énergie de la part de tous. Vers le 1er avril, je me rendis donc dans les plaines, je mis en route nos groupes de construction, et je demeurai tout l'été entre Laramie et les montagnes de la Humboldt. La rapidité avec laquelle le travail avançait m'étonna. L'hiver nous surprit dans les montagnes Wasatch, mais nous poursuivîmes nos travaux de nivellement et de pose de la voie dans la neige et la glace, à un prix fantastique. J'estimai que, pour la compagnie, le coût supplémentaire qui résulterait des travaux accélérés que nous avions affectués pendant l'été et l'hiver dépasserait 10 000 000 de dollars, mais les instructions que j'avais reçues m'enjoignaient de continuer à n'importe quel prix. Le printemps nous trouva, nous et la voie, à Ogden et, le 1er mai, nous avions atteint Promontory, à 534 milles à l'ouest de ce qui avait été notre point de départ, douze mois auparavant. Sur notre ligne, les chantiers avaient été ouverts jusqu'à Humboldt Wells, ce qui donnait, pour l'année, un total de 754 milles de nivellement.

Allant vers l'est, la *Central Pacific* avait fait de merveilleux progrès et nous abandonnâmes le travail de Promontory à Humboldt Wells, concentrant nos efforts pour rencontrer ceux de la *Central Pacific* à Promontory. Entre Ogden et Promontory, chaque compagnie nivelait une ligne, côte à côte avec l'autre et, en certains endroits, une ligne surplombait l'autre. Les travailleurs qu'employait la *Central Pacific* étaient des Chinois, tandis que les nôtres étaient des Irlandais, et il régnait une grande animosité entre les uns et les autres. Nos Irlandais avaient pris l'habitude de mettre leurs mines à feu dans les tranchées sans en avertir les Chinois de la *Central Pacific*, qui travaillaient juste au-dessus d'eux.

Plusieurs Chinois furent grièvement blessés. Les gens de la *Central Pacific* m'adressèrent plusieurs plaintes, et je m'efforçai d'amener les entrepreneurs à faire cesser les hostilités mais, pour je ne sais quelle raison, ils n'y réussirent pas. Un beau jour, les Chinois, mesurant la situation, creusèrent une sape et, quand les Irlandais au-dessous d'eux furent tous au travail, ils y mirent le feu, ensevelissant plusieurs de nos hommes. Une trêve en résulta aussitôt. Depuis ce jour, les travailleurs irlandais manifestèrent aux Chinois le respect qui leur était dû et les troubles cessèrent.

Lorsqu'en mai 1869 les deux voies se rapprochèrent, nous tombâmes d'accord pour en effectuer la jonction au sommet de Promontory Point, et nous fixâmes le jour où pourraient nous atteindre les trains partis de New York et de Californie. Nous posâmes les rails au point de jonction, un ou deux jours avant la fin des travaux. De l'Est, pour représenter la *Union Pacific*, arrivèrent Thomas C. Durant, vice-président, Sidney Dillon, qui dès le début avait joué un rôle important dans la construction de la voie, et John R. Duff, directeurs ; ils étaient accompagnés de l'ingénieur conseil et d'un wagon plein d'amis. Venus de l'Ouest, les représentants de la *Central Pacific* étaient le président, Leland Stanford, Mr. Collis P. Huntington, Mr. Crocker, Mr. Hopkins, Mr. Colton et d'autres membres de cette compagnie, ainsi que Mr. Montague, ingénieur en chef, et un détachement de troupes en provenance de Camp Douglass, Salt Lake City. Les deux trains s'arrêtèrent l'un en face de l'autre ; ils étaient tous deux chargés d'ouvriers qui cherchaient à être bien placés pour assister aux cérémonies et qui couvraient littéralement les voitures. Les officiers et les invités étaient rangés de part et d'autre de la voie, laissant toutefois le côté sud dégagé. Les lignes télégraphiques avaient été amenées jusque-là, de sorte que, lors du dernier clouage, chaque coup frappé était enregistré dans tous les bureaux du réseau, de l'Atlantique au Pacifique.

Des prières furent dites, un certain nombre de *spikes* [genre de tire-fond sans pas de vis] furent chassés dans les deux rails contigus, chacune des

hautes personnalités présentes y prêtant la main, mais peu d'entre elles réussirent à taper sur les tire-fond, et cela à la grande joie de la foule. Lorsque le dernier fut posé, de légers coups lui furent assenés par plusieurs officiels, et c'est, en fin de compte, l'ingénieur en chef de la *Union Pacific* qui le chassa pour de bon. Les mécaniciens firent avancer les deux locomotives jusqu'à se toucher, le mécanicien de chaque machine brisant une bouteille de champagne sur l'autre locomotive, et c'est ainsi qu'on unit les deux voies en une grande ligne allant de l'Atlantique au Pacifique. A cette occasion, on avait apporté des tire-fond d'or et d'argent et, plus tard, on en fit des tire-fond miniature en souvenir de la cérémonie. Il faisait très beau, mais froid. Après quelques discours, nous allâmes tous nous réfugier dans les wagons du *Central Pacific* où le vin coula à flot, et où furent prononcés de nombreux discours...

Ces dernières années, un grand débat s'est élevé concernant les méthodes de construction adoptées par la *Union Pacific* et par *la Central Pacific*. Le débat tourna à l'avantage de cette dernière compagnie. La théorie soutenue par la *Central Pacific* voulait que, en raison de la traversée de la chaîne de la sierra Nevada, elle ait rencontré, dès le départ, des problèmes matériels et financiers beaucoup plus difficiles à résoudre ; c'était une très grave erreur. La *Union Pacific* devait acheminer depuis la côte tout son matériel, ses traverses, ses éléments de pont, par rail ou par voie fluviale. Les premiers 630 milles durent être constuits sans qu'il se trouvât sur place, en dehors de la terre, aucun matériau utilisable et, pour ce travail, les gens de la *Union Pacific* ne bénéficièrent que d'une aide, en bons du Trésor public, de 16 000 dollars au mille. Il n'existait, sur la ligne, aucun centre qui permît d'organiser des transactions commerciales ; on ne pouvait obtenir de rétribution quelconque sur tout le parcours. Il fut donc extrêmement difficile de convaincre les gens d'acheter les bons et de fournir, par là, de l'argent à la compagnie. En revanche, la *Central Pacific* partait de Sacramento, base de départ accessible au trafic maritime, de telle sorte que les matériaux qui devaient venir de ports étrangers ou américains bénéficiaient des taux de fret les plus bas. D'autre part, de Sacramento, on construisit un tronçon de ligne dans les montagnes jusqu'à Virginia City, où sont situées les riches mines de la Bonanza ; ce qui permit un important trafic à un taux élevé et rapporta de gros bénéfices. D'autre part encore, à quelques milles seulement de Sacramento, partent les contreforts orientaux de la sierra Nevada, de sorte que la compagnie reçut immédiatement 48 000 dollars par mille, en bons du Trésor public, pour les premiers 150 milles, et 32 000 dollars de là jusqu'à Salt Lake, distante d'à peine 200 milles. C'est ainsi que la *Central Pacific* reçut plus d'argent pour ces 200 milles que n'en reçut la *Union Pacific* pour ses 630 milles de ligne qui lui étaient payés 16 000 dollars le mille. Ces conditions, favorables à la *Central Pacific*, permirent aux représentants de cette compagnie de lever sans difficulté tous les fonds dont ils avaient besoin ; ils bénéficièrent, en outre, sur la moitié de leur ligne, d'un trafic intéressant qui les aida à payer les intérêts de leurs bons.

Grenville M. Dodge,
Mémoires,
cité dans *Pionniers vers l'Ouest*,
Bayrd Still, Seghers 1965

L'équipe des topographes de l'Union Pacific effectue les repérages pour l'avancement des travaux : des acrobaties sont nécessaires pour hisser le matériel.

Les cités de l'enfer

La ville symbolise la civilisation. Au-delà du Mississippi, elle incarne la débauche, la violence, l'anarchie. A ce sujet les témoignages des journalistes sont dénués d'ambiguïté. On imagine les sentiments d'honorables citoyens parcourant la description d'un terminus provisoire de l'Union Pacific en 1868.

En deux semaines, une ville de trois mille habitants avait surgit là, comme au contact de la lampe d'Aladin ; elle était divisée en carrés réguliers disposés en cinq quartiers ; elle possédait une administration, un maire et des édiles municipaux, un journal quotidien et un recueil d'ordonnances visant à préserver la santé publique. Là, s'arrêtait le transport du fret et des passagers, et commençait la section de la ligne en construction ; deux fois par jour, d'immenses trains arraivaient et repartaient, des diligences quittaient la ville en direction de l'Utah, du Montana et de l'Idaho ; tous les produits qui, autrefois, étaient charroyés à travers les plaines venaient ici par voie ferrée et étaient transbordés. Pendant dix heures, chaque jour, les rues étaient remplies d'une foule bariolée de cheminots, de Mexicains, d'Indiens, de joueurs, de compères, de tenanciers de bars, de marchands, de mineurs et de cogneurs de mules. Lorsque je pénétrai dans cette cité de tentes et de baraques de bois, les rues étaient enfouies sous huit pouces de poussière blanche et sale, et un nouvel arrivé, tout de noir habillé, ressemblait à s'y méprendre à un cafard se débattant dans un tonneau de farine.

Au coucher du soleil, les notes joyeuses du violon et de la guitare appelaient les citoyens aux distractions du soir. Vingt-trois bars payaient patente à l'éphémère société, et cinq salles de bal occupaient nos luxueux loisirs...

La routine du travail, les bals, les soûleries et les combats à main nue furent brusquement interrompus le 8 août. Assis, ce jour-là, à l'entrée d'une tente, je remarquai deux personnes qui se querellaient de l'autre côté de la rue ; je vis un homme sortir un pistolet et tirer, un autre trébucher

et s'agripper à un poteau pour ne pas tomber. Le premier allait tirer de nouveau, lorsqu'il fut frappé par derrière et qu'on lui arracha son pistolet. Le blessé fut transporté dans la tente d'une « Cypriote » [prostituée, par allusion à Chypre, la patrie d'Aphrodite] qui se trouvait tout près de là, et soigné avec la plus grande gentillesse par les femmes, mais il mourut le lendemain. Il fut universellement admis qu'il n'y avait eu aucune provocation pour justifier ce coup de feu, et l'opinion fut unanime : « Il faut pendre le coupable ! »

Le lendemain, je remarquai un grand remue-ménage et des cris dans la rue ; regardant dehors, je vis qu'on traînait l'assassin en direction de la tente où gisait le mort. Toute la population surgit alors ; hommes de la plaine, mineurs et femmes se mêlèrent en une foule sauvage, tous insistant pour qu'il fût pendu sur-le-champ. Pâle comme un linge et tenant à peine sur ses jambes, l'assassin, empoigné par deux robustes miliciens, fut traîné à travers la foule exaspérée, et jeté dans la tente où était le mort. Là, il dut assister à la toilette et à la mise en bière.

La grande institution de Benton était la « Grande Tente », appelée parfois avec la même justesse, mais moins de courtoisie, la « Tente des Joueurs ». Cette construction formait un beau cadre de cent pieds de long sur quarante de large, recouvert de toile, et dont le sol était aménagé pour la danse, à laquelle, ainsi qu'au jeu, cet établissement était entièrement consacré. Elle était successivement transportée dans toutes les villes-champignons des terminus successifs et constitua, pendant mon séjour, la grande ressource de Benton. La description d'une de ces villes peut servir pour toutes ; passons donc une soirée dans la « Grande Tente », et voyons comment les hommes utilisent leurs loisirs là où il n'y a ni vie familiale, ni vie sociale.

En entrant, nous remarquons que le côté droit est bordé d'un magnifique bar, garni de toutes sortes d'eaux-de-vie et de cigares, de gobelets en verre taillé, de cruches à glace, de splendides miroirs et de tableaux, rivalisant avec ceux de nos villes de l'Est. Au fond, un espace suffisamment vaste pour contenir un quadrille est réservé à la danse ; sur une estrade, un orchestre est de service jour et nuit, tandis que les tables qui remplissent le reste de la pièce sont consacrées au *monte*, au *pharaon*, au *rondo coolo*, à la *roulette* et à tous les autres jeux connus...

Pendant la journée, la « Grande Tente » est relativement paisible mais, le soir, après quelques airs évocateurs joués sur le seuil par l'orchestre, la vaste pièce est bientôt remplie d'une foule bariolée, composée de trois ou quatre cents mineurs, éleveurs, employés, gardiens de troupeau, joueurs et leurs compères. Puis les cuivres sont mis de côté et seuls jouent les instruments à cordes. Les quadrilles se succèdent à un rythme accéléré et se concluent par un verre, tandis que ceux qui ne sont point ainsi engagés se pressent autour des tables et s'adonnent à leur jeu préféré. La soirée est, aujourd'hui, tout particulièrement intéressante, la tente est pleine et, de chaque table, s'élève le crépitement musical des dés, le bourdonnement de la roue ou la voix éloquente du donneur...

A regarder Benton, une suite de cabanes disparates de rondins et de toile, on jurerait que le commerce en est absent ; mais, dans ces tentes, des sommes énormes changent de main. E. Block & C°, grossistes en eaux-de-vie et tabac, avec lesquels j'habitais à Benton, dans une tente à cadre de bois de vingt pieds sur quarante, faisaient 30 000 dollars de chiffre d'affaires par mois. D'autres faisaient mieux encore. Dix mois plus tard, je revisitai ces lieux. On n'y voyait ni maisons, ni tentes ; quelques tas de pierres et des cheminées, à moitié détruites, suffisaient à peine à marquer l'emplacement de la ville en ruine ; la poussière blanche avait recouvert tout le reste et la désolation régnait en maîtresse absolue.

Dans toutes ces villes, les transactions immobilières étaient des plus risquées ; et tout ce qui paraissait solide était factice. On découvrait que les façades de briques rouges ou de pierres brunes et les murs de stuc avaient été commandés et exécutés en pin à Chicago, et embarqués par éléments. Des maisons préfabriquées furent finalement envoyées en série, emballées, marquées et numérotées ; une demi-douzaine d'hommes pouvaient ériger tout un pâté de maisons en une journée, et deux garçons, munis de tournevis, pouvaient monter une demeure habitable en trois heures. Une très bonne façade de stuc gris, avec des côtés sans apprêt de vingt pieds sur quarante, valait 300 dollars ; et si votre travail venait à vous échapper, ou si la ville se déplaçait, vous n'aviez qu'à démonter votre boutique, la charger sur quelque voiture à pont, la transporter jusqu'à la ville suivante, et la remonter. On rencontrerait, dans la population de ces villes, une plaisante variété d'aptitudes.

Un officier de l'armée me raconta qu'il avait remonté la vallée de la Platte en 1866 et qu'il avait remarqué une élévation de terrain près de la jonction des deux cours d'eau où, sur des milles, on ne pouvait apercevoir le moindre buisson ni le moindre brin d'herbe. Il revint six mois après ; la « Grande Cité de la Platte en Pleine Croissance » recouvrait cet emplacement ; trois mille personnes emplissaient le désert du bourdonnement des affaires et du plaisir. Il y avait de beaux hôtels, des restaurants élégants, des salles de billard, des bars ; une centaine de marchands se bousculaient dans les banques et les bureaux d'assurances. Tout le mécanisme de la société fonctionnait avec aisance ; il y avait deux quotidiens, un maire et un conseil municipal, une aristocratie et un peuple, de vieux colons, de nouveaux arrivants et des *grandes familles*. Six mois plus tard, il revint et dut en chercher la place. Quelques tas de paille et de briques, des débris de boîtes de conserve d'huîtres, presque recouverts par les sables mouvants, seuls, lui permirent de la retrouver. La « ville » avait plié bagage et émigré vers le prochain terminus...

De toutes les villes qui surgirent sur la voie, deux ou trois seulement ont quelque peu survécu à leur première grandeur. Elles ont toutes un côté spéculatif et aléatoire ; des lots qui, à Julesburg, la cité « la plus polissonne », se sont vendus comme des petits pains à mille dollars pièce, sont aujourd'hui le domaine des hiboux et des chiens de la Prairie.

J.H. Beadle, *l'Ouest primitif*, 1888, cité dans *Pionniers vers l'Ouest*, Bayrd Still, Seghers 1965

Un écrivain de l'Ouest

Son père décédé, Mark Twain quitte son Missouri natal. Commencent alors cinq ans d'errance du Nevada à la Californie. Pilote sur le Mississippi, chercheur d'or, joueur, journaliste à l'occasion, Twain connaît bien des déceptions, mais cette vie passionnée façonne un écrivain remarquable. Couvert de dettes, il publie en 1872 le récit de son expérience « Rough It » (« Vivre à la dure »). Quatre ans plus tard, son talent est consacré avec « les Aventures de Tom Sawyer ».

Dans un voyage en diligence, les imprévus et les rencontres font quelquefois oublier l'inconfort du véhicule. Déjà on se passionne pour les exploits d'un cavalier solitaire.

La première chose que nous fîmes, en cette joyeuse soirée qui nous amena à St. Joseph, fut d'envahir le bureau des diligences et de payer les cent cinquante dollars par personne que coûtait un billet pour Carson City, dans le Nevada.

Le lendemain, à l'aube argentine, nous avalâmes notre petit déjeuner et nous précipitâmes au lieu du départ...

Notre coche était une grande diligence roulante et trépidante de la plus somptueuse espèce, un imposant berceau sur roues. Elle était tirée par six beaux chevaux et, à côté du cocher, était assis le *conducteur*, le véritable capitaine de l'embarcation, car il était chargé de prendre soin du courrier, des bagages et des affaires particulièrement urgentes, ainsi que des passagers. Durant ce voyage, nous fûmes les trois seuls passagers. Nous étions assis à l'intérieur, sur le siège arrière. Presque tout le reste du coche était rempli de sacs postaux, car nous emportions avec nous le courrier de trois jours. Un mur de courrier qui, perpendiculaire, montait jusqu'au plafond, touchait presque nos genoux. Il y en avait un grand tas, sanglé sur le toit de la voiture, et les coffres avant et arrière étaient pleins. Nous en transportions deux mille sept cents livres ; le cocher nous dit : « Un peu pour Brigham et Carson et Frisco, mais le gros pour les Indiens qui sont puissamment récalcitrants, bien qu'ils reçoivent une abondance de paperasse à lire »...

Pendant tout la journée, nous

changeâmes de chevaux tous les dix milles, et nous volions bel et bien sur la route dure et plate. A chaque halte, nous sautions hors du coche pour nous dégourdir les jambes et, ainsi, la nuit nous trouva encore gais et dispos...

Lorsque le soleil tomba et que descendit sur nous la fraîcheur du soir, nous nous préparâmes pour la nuit. Nous déplaçâmes les sacs de courrier en cuir rude, et les sacs d'imprimés en toile noueuse... de manière à rendre nos lits aussi plats que possible...

A chaque fois que la diligence s'arrêtait pour changer de chevaux, nous nous réveillions et essayions de nous rendre compte où nous nous trouvions ; nous y parvenions. Puis, une minute ou deux plus tard, la diligence repartait, et nous de même...

Les stations du relais étaient de longues huttes basses, couleur de terre, faites de briques séchées au soleil et disposées sans mortier (les Espagnols appellent ces briques *adobes*, et les Américains abrègent en disant *dobies*). Les toits, dont on ne peut guère dire qu'ils sont en pente, étaient couverts de chaume, puis détrempés ou couverts d'une épaisse couche de terre, d'où jaillissait une végétation assez luxuriante de mauvaises herbes et de verdure plaisante à voir : c'était la première fois que nous voyions le jardin d'un homme au sommet de sa maison. Les bâtiments comprenaient des granges, une écurie pour douze ou quinze chevaux et une hutte qui servait de salle à manger pour les voyageurs. Dans cette dernière se trouvaient des couchettes pour le maître de relais et un ou deux palefreniers. On pouvait s'accouder au larmier et, pour pénétrer par la porte, il fallait se baisser...

C'est ici que nous souffrîmes de la première atteinte à notre condition princière. Nous abandonnâmes nos six chevaux et les remplaçâmes par six mules. Mais elles étaient de sauvages bêtes mexicaines, et il fallait un homme par mule pour les maintenir énergiquement pendant que le cocher passait ses gants et se préparait. Et lorsqu'enfin il saisit les rênes et donna le signal, les hommes s'écartèrent d'un bond de la tête des mules, et le coche sortit de la station du relais comme de la bouche d'un canon. Comme ils s'élançaient, ces animaux frénétiques ! C'était un galop sauvage et furieux ; et l'allure ne décrut pas un instant pendant un parcours de dix ou douze milles, jusqu'à ce que nous parvînmes devant le groupe de huttes et d'écuries du relais suivant.

Nous volâmes ainsi tout le jour. A deux heures de l'après-midi apparut la ceinture d'arbres qui borde la Platte septentrionale et souligne ses méandres, au milieu des vastes étendues uniformes de la plaine. A quatre heures, nous traversâmes un des bras de la rivière et, à cinq heures, nous franchîmes la Platte elle-même et parvînmes à Fort Kearney, à *cinquante-six heures de St. Joe :* TROIS CENTS MILLES !...

Peu de temps après, nous n'avions qu'une idée : tendre le cou pour voir le *pony-rider*, le messager rapide qui traversait à grande allure le continent de St. Joe à Sacramento, parcourant avec ses lettres dix-neuf cents milles en huit jours !...

Nous brûlions, depuis le début, du désir de voir un *pony-rider* mais, d'une façon ou d'une autre, tous ceux qui nous croisaient ou nous dépassaient se débrouillaient pour passer comme des éclairs pendant la nuit ; nous n'entendions donc qu'un sifflement et un salut, et le rapide fantôme du désert avait disparu avant que nous ayons eu le temps de mettre nos têtes à la fenêtre. Mais, maintenant, nous en attendions un d'un instant à l'autre et nous allions le voir en plein jour. Justement, le cocher s'exclamait :

« LE VOILÀ ! »

Tous les cous se tendent un peu plus et tous les yeux s'écarquillent davantage. Loin, à la limite de la morne prairie, apparaît contre le ciel un point noir qui bouge manifestement. Eh, je pense bien ! En une ou deux secondes, il devient un cheval avec son cavalier qui s'élève et retombe, s'élève et retombe ; il avance impétueusement vers nous ; il devient de plus en plus distinct... sa silhouette de plus en plus précise... plus près et encore plus près, et le staccato des sabots nous arrive faiblement aux oreilles. Un instant encore, puis un *hou* ! et un *hurrah !* jaillissent de l'impériale ; le cavalier agite la main, mais sans répondre ; et l'homme et le cheval passent en trombe devant nos trois visages transportés et s'envolent, au loin, comme une tardive queue d'orage !

Mark Twain, *Vivre à la dure*,
cité dans *Pionniers vers l'Ouest*,
Bayrd Still, Seghers 1965

Chez les mormons, la polygamie fait toujours rêver, mais déjà dans la « ville sainte » transparaît la prospérité de la communauté.

Nous nous promenâmes ensuite un peu dans les rues, jetant un coup d'œil aux magasins et aux boutiques, et nous éprouvions comme de la fascination quand nous regardions subrepticement des créatures que nous supposions être mormonnes. Pour nous, c'était de la féerie sur tous les plans et de toutes les façons, une terre d'enchantement, de farfadets et de mystère terrible. Nous éprouvions l'envie de demander à chaque enfant combien il avait de mères et s'il pouvait les reconnaître l'une de l'autre et nous frémissions chaque fois que s'ouvrait ou se fermait à notre passage la porte d'une demeure, nous offrant un aperçu de têtes, de dos et d'épaules humains, tant nous languissions d'avoir une bonne vue satisfaisante d'une famille mormonne dans toute son ampleur compréhensive, étalant les cercles concentriques habituels de son cercle familial. (...)

Le lendemain, nous déambulâmes partout le long des rues larges, droites et planes, prenant plaisir à la plaisante étrangeté de cette ville de quinze mille habitants dénuée de flâneurs, sans le moindre ivrogne visible, ni gens bruyants ; un ruisselet limpide pétillait dans chaque rue au lieu d'un caniveau infect ; les demeures coquettes se succédaient, faites de bois et de briques cuites au soleil, avec un grand verger vigoureux derrière chacune d'elles, semblait-il. Les ramifications du ruisselet de la rue s'en allaient pétiller dans les parterres de fleurs et au milieu des arbres fruitiers et le tout avait un grand air de propreté, de bonne tenue, de vigueur et de confort. Et, partout, il y avait des ateliers, des fabriques et toutes sortes d'industries ; on voyait des visages appliqués et des mains affairées partout où l'on regardait et vos oreilles étaient emplies par l'incessant tintement des marteaux, le bruit du commerce et le murmure satisfait des moulins à eau.

Les armoiries de mon propre État représentent deux ours soutenant un baril et faisant la remarque pertinente : *Unis, nous demeurons - Divisés, nous échouons.* Ce fut toujours trop symbolique pour l'auteur de ce livre. Mais les armoiries mormonnes étaient directes, simples, sans ostentation et convenant comme un gant. Elles représentaient une RUCHE DORÉE, toutes les abeilles au travail.

La ville repose au bord d'une grande plaine plate aussi étendue que l'État de Connecticut, enfoncée dans le sol au-dessous d'une muraille incurvée de montagnes majestueuses dont les têtes se cachent dans les nuages et dont les épaules portent tout l'été des restes des neiges de l'hiver. Vue d'une de ses vagues hauteurs à douze ou quinze milles de là, Salt Lake City s'efface et diminue au point de suggérer un jouet d'enfant reposant à l'ombre de la protection majestueuse de la muraille de Chine. (...)

Salt Lake City était saine, c'était une ville extrêmement saine. Ils racontaient qu'il n'y avait qu'un médecin dans la ville et qu'il était régulièrement arrêté toutes les semaines pour vagabondage car il ne semblait pas avoir de *moyens d'existence visibles.* Ils vous donnaient toujours de bons exemples de vérité à Salt Lake City, faisant bon poids et bonne mesure. Souvent, si vous aviez désiré peser l'une de leurs petites déclarations d'usage, il vous aurait fallu une balance plombée.

Nous désirions visiter la célèbre mer intérieure, la *mer Morte* américaine, le grand Lac Salé, à dix-sept milles de la ville à cheval, car nous en avions rêvé, et nous en avions parlé et nous y avions pensé, et nous avions aspiré à le voir pendant la première partie de notre voyage mais, maintenant qu'il était à portée de la main, il avait subitement perdu presque tout intérêt. Nous remîmes donc la chose, de façon très générale, jusqu'au lendemain et ce fut la dernière fois que nous y pensâmes. Nous dînames avec des Gentils accueillants, visitâmes la fondation du temple prodigieux et parlâmes longtemps avec ce rusé Yankee du Connecticut, Herber C. Kimball (mort depuis), un saint de grande envolée et un homme de commerce puissant. Nous vîmes la *maison de la Dîme et la maison du Lion* et je ne sais plus, ni ne me souviens plus combien d'autres églises et bâtiments gouvernementaux de genres divers, aux noms curieux. Nous voletâmes de-ci de-là et dégustâmes chaque heure, ramassant une grande quantité d'informations utiles et de stupidités amusantes, puis allâmes au lit satisfaits.

Mark Twain, *Mes folles années*,
EFR 1959

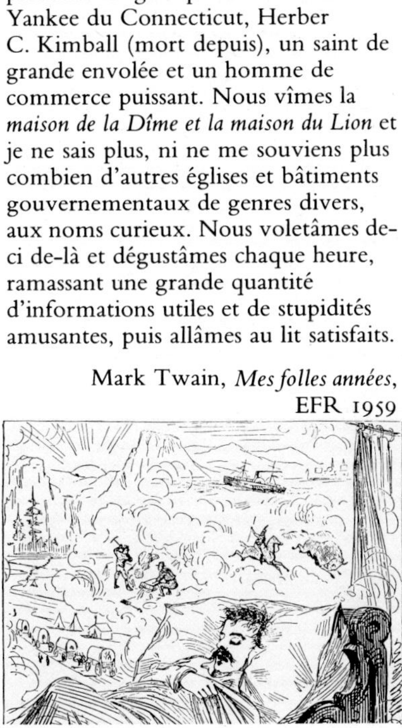

Dans l'Ouest, les rencontres ne sont jamais insignifiantes, la moindre auberge regorge de héros qui vous accueillent à leur table.

A l'heure prévue, nous arrivâmes en cliquetant à une station et nous nous assîmes pour prendre notre petit déjeuner avec une troupe à demi sauvage ou à demi civilisée de montagnards, de ranchmen et d'employés de la station barbus et armés. L'employé le mieux élevé, le plus paisible et le plus affable que nous ayons rencontré au service de la Compagnie continentale le long de la route était la personne qui était assise en bout de table, à côté de moi. Jamais un jeune homme n'a frissonné et ouvert les yeux comme moi quand je l'entendis appeler SLADE !

Le romanesque était là et moi j'étais face à face avec lui ! Je le contemplais, je le touchais, je trinquais avec lui pour ainsi dire ! Là, à mon côté, se trouvait l'ogre qui, au cours de combats et de bagarres et par maint autre moyen AVAIT ENLEVÉ LA VIE A VINGT-SIX ÊTRES HUMAINS, ou bien tout le monde avait menti à son sujet ! J'imagine que j'étais le jouvenceau le plus fier qui ait jamais voyagé et vu des pays étranges et des gens merveilleux.

Il était si amical et causeur si aimable que je me sentis attiré par lui en dépit de son effroyable réputation. Il n'était guère possible de penser que cette personne charmante était le fléau impitoyable des hors-la-loi, le monstre dont les mères de la montagne effrayaient leurs enfants. Et je ne m'en rappelle rien de remarquable, sauf qu'il avait le visage plutôt large à hauteur des pommettes, que celles-ci étaient basses et qu'il avait les lèvres particulièrement minces et droites. Mais cela fut suffisant pour me faire un certain effet car, depuis lors, je ne puis voir un visage possédant ces caractéristiques sans m'imaginer que son propriétaire est un homme dangereux.

On manqua de café. Ou, du moins, il n'en restait que la valeur d'une timbale que Slade était sur le point de prendre quand il vit que ma tasse était vide. Il s'offrit poliment à me l'emplir mais, bien que j'en eus envie, je déclinai poliment son offre. J'avais peur qu'il n'eût tué personne de la matinée et eût besoin d'une diversion. Mais il insista encore avec une ferme politesse pour remplir ma tasse, disant que j'avais voyagé toute la nuit et que je le méritais plus que lui et, tout en parlant, il me versa le liquide jusqu'à la dernière goutte. Je le remerciai et le bus mais cela ne me réconforta pas car je ne me sentais pas sûr qu'il n'allait pas bientôt regretter de me l'avoir donné et entreprendre de me tuer pour compenser cette perte. Mais rien de ce genre ne se produisit. Nous le quittâmes n'ayant toujours que vingt-six personnes sur la conscience et j'éprouvais une satisfaction tranquille à la pensée qu'en faisant si judicieusement attention à lui à la table du petit déjeuner, j'avais réussi à ne pas être le vingt-septième. Slade vint jusqu'à la diligence pour assister à notre départ, donna des ordres afin qu'on arrangeât les sacs postaux de façon plus confortable pour nous, puis nous prîmes congé de lui, espérant entendre à nouveau parler de lui et nous demandant à quel propos ce serait.

Mark Twain, *Mes folles années*,
EFR 1959

Les illustrations (ci-dessus, pages précédentes et suivante) parues au moment de la sortie du livre de Mark Twain, en 1871, nous donnent de l'Ouest une vision un peu moins « épique » que celle du célèbre romancier.

Twain découvre la presse locale. Le jeune journaliste transforme le moindre ragot en véritable épopée, il fait la légende de l'Ouest.

Si je refusais cet emploi, il me faudrait bientôt dépendre de quelqu'un pour manger mon pain quotidien, chose nécessairement désagréable à une homme qui n'avait jamais subi pareille humiliation depuis l'âge de treize ans. Il n'y a pas tellement de quoi être fier, car c'est là chose fort commune, mais c'était tout ce dont je pouvais être fier. La peur fit donc de moi un rédacteur local. Autrement, j'aurais refusé. La nécessité est la mère des « chances courues ». (...)

Je me rendis à Virginia et m'engageai dans ma nouvelle vocation. J'étais un rédacteur local plutôt dépenaillé, je puis l'avouer sans contrainte ; pas de veste, un chapeau à larges bords, une chemise de laine bleue, des pantalons enfoncés dans mes bottes, une barbe jusqu'à la taille et l'inévitable revolver de marine à la ceinture. Mais je me procurai un vêtement plus chrétien et me défis du revolver. Je n'avais jamais eu l'occasion de tuer qui que ce soit, ni ressenti l'envie de le faire, mais j'avais porté la chose par déférence envers le sentiment populaire et afin de ne pas me faire remarquer de façon blessante, ni être un sujet de conversation en ne le portant pas. Mais les autres rédacteurs et tous les typographes portaient des revolvers. Je demandai au rédacteur en chef et propriétaire (je l'appellerai M. Goodman, ce nom le décrivant aussi bien qu'un autre) quelques instructions concernant mes devoirs et il me dit de faire le tour de la ville et de poser à toutes sortes de gens toutes sortes de questions, de noter les informations ainsi réunies et de les rédiger en vue de leur publication. Et il ajouta :

– Ne dites jamais « *Nous apprenons* », ni « *On rapporte que* » ni « *Le bruit court que* » ou « *Nous croyons comprendre que* » et ainsi de suite, mais allez à la source et obtenez les faits réels, puis expliquez-vous et dites : « *Voici ce qui s'est passé* ». Sans quoi, les gens n'auront pas confiance dans vos informations. Une certitude inattaquable est ce qui donne à un journal la réputation la plus solide et la meilleure. (...)

Je ne pourrai jamais oublier les aventures de ma première journée de journaliste. Je vagabondais à travers la ville, questionnant tout le monde, ennuyant tout le monde et découvrant que personne ne savait rien. Au bout de cinq heures, mon carnet de notes était encore vierge. Je parlai à M. Goodman. Il dit :

– Dan savait tirer de bonnes choses des chariots de foin par temps sec quand il n'y avait ni incendies, ni enquêtes criminelles. Il n'est pas arrivé de chariots de foin du Truckee ? Si oui, vous pourriez parler de la reprise de l'activité ou de quelque chose dans ce genre dans le commerce du foin, vous comprenez. Ce n'est ni sensationnel, ni excitant, mais ça remplit et ça fait commercial.

Je parcourus à nouveau la ville et découvris un malheureux chariot de foin venant de la campagne. Mais j'en fis grand usage. Je le multipliais par seize, le fis venir en ville de seize directions différentes, en fit seize échos différents et fit de ce foin un tintamarre comme Virginia City n'en avait vu de sa vie entière.

C'était encourageant. Il fallait remplir deux colonnes différentes : je m'en tirerai. Un peu plus tard, alors que les affaires recommençaient à paraître lugubres, un desperado tua un homme dans un café et ma joie revint. Je n'avais jamais été aussi heureux de ma vie d'une pareille bagatelle. Je dis à l'assassin : « Monsieur, vous m'êtes étranger, mais vous m'avez fait aujourd'hui une faveur que je n'oublierai jamais. Si des années de gratitude peuvent vous être une compensation quelconque, qu'elles vous appartiennent. J'étais dans l'ennui et vous m'avez noblement tiré d'affaire en un moment où tout semblait triste et effrayant. Comptez-moi comme votre ami à dater d'aujoud'hui, car je ne suis pas homme à oublier une faveur. »

Si je ne lui ai pas vraiment dit tout cela, j'ai tout au moins ressenti un violent désir de le faire. Je décrivis le meurtre avec une attention féroce aux détails et, quand je l'eus terminé, je n'eus qu'un regret : qu'ils n'aient pas pendu mon bienfaiteur sur place afin que j'aie pu relater cela aussi.

Je découvris ensuite des chariots d'émigrants qui s'installaient sur la place et appris qu'ils avaient récemment traversé une région d'Indiens hostiles et avaient eu un voyage plutôt rude. Je tirai le meilleur parti possible de la chose étant donné les circonstances et eus le sentiment que si je n'avais pas été maintenu dans des limites rigoureuses par la présence des journalistes des autres journaux, j'aurais ajouté des particularités qui auraient rendu l'article beaucoup plus intéressant. Quoi qu'il en soit, je découvris un chariot qui continuait vers la Californie et posai quelques questions judicieuses au propriétaire. Quand je compris, grâce aux réponses courtes et bourrues qu'il fit à mon interrogatoire, qu'il partirait certainement et ne serait pas en ville le lendemain pour me causer des complications, je battis les autres journaux, car je pris les noms de sa famille et ajoutai son groupe à la liste des tués et blessés de la troupe. Ayant le champ plus libre, je plaçai ce chariot dans une bataille d'Indiens qui n'a pas eu, à ce jour, d'équivalent dans l'histoire.

Mes deux colonnes étaient remplies. Quand je les relus au matin, j'eus le sentiment que j'avais enfin trouvé mon occupation prédestinée. Je me dis que des nouvelles, et surtout des nouvelles émouvantes, étaient ce qu'il fallait au journal et j'eus l'impression que j'étais particulièrement doué pour le faire. M. Goodman dit que j'étais un aussi bon journaliste que Dan. Un tel encouragement aidant, j'eus le sentiment que je pourrais prendre la plume et tuer tous les émigrants des plaines si besoin était et si l'intérêt du journal l'exigeait.

Mark Twain, *Mes folles années*, EFR 1959

Le cauchemar de Stevenson

Amoureux passionné d'une Américaine, Robert Stevenson part à sa conquête dans l'Amérique des années 1880. Hôtels minables, wagons désespérés, le jeune bourgeois écossais vit le cauchemar de l'immigrant à travers un monde sans cœur. L'aventure s'est banalisée. Au retour, quelques années plus tard, Stevenson écrit « l'Ile au Trésor » ; est-ce une métaphore du Nouveau Monde ?

Notre vapeur ayant laissé la Clyde derrière lui un jeudi soir, ce fut au début de l'après-midi du vendredi que nous embarquâmes notre dernier chargement d'émigrants à Lough Foyle, Irlande, et dîmes adieu à l'Europe. La compagnie était au complet et, sous l'effet de magnétismes impénétrables, se rassembla sur le pont en petits groupes. Il y avait là abondance d'Écossais et d'Irlandais, quelques Anglais et quelques Américains, une belle poignée de Scandinaves, un ou deux Allemands et un Russe, tous désormais citoyens, pour dix jours, d'un petit territoire de fer qui voguait sur l'abîme.

Tandis que je me promenais sur le pont en observant mes compagnons de voyage – et l'assortiment en était curieux, qui englobait toute l'Europe du Nord –, je commençai pour la première fois à comprendre le phénomène de l'émigration. Et cette connaissance, jour après jour, devait se faire tout ensemble plus claire et plus mélancolique, au fur et à mesure qu'avançait ce voyage qui allait me faire franchir l'Atlantique et puis, l'un après l'autre, traverser les États de l'Union pour toucher aux rivages du Pacifique, au point que le terme même d'émigration, qui me semblait avoir au début une résonance des plus gaies, en vint rapidement à ne plus sonner à mes oreilles que de manière parfaitement sinistre.

Rien de plus plaisant à décrire, en effet, mais rien de plus lamentable à contempler. Conçue chez soi, l'idée abstraite en est pleine d'espoir et d'aventure. Jeune homme, s'imagine-t-on, parce qu'on méprise et la contrainte et le secours, on s'en va un jour dans la vie, cette grande bataille, pour y mener son propre combat. Les histoires d'ambition les plus agréables, de difficultés à vaincre, et de réussite au bout du compte, ne sont alors que beaux épisodes dans ce grand poème épique de l'effort personnel. L'épopée est faite d'héroïsmes individuels : elle est même, au regard de ceux-ci, à l'image d'une guerre dont l'issue victorieuse, soumettant un empire, tiendrait à la bravoure du soldat qui, seul, a fait taire un canon et s'est vu pour cela récompensé par une médaille. Dans l'émigration, en effet, c'est directement, et par bateaux entiers, que les jeunes hommes entrent dans leur avenir de labeur. Comme au coup de sifflet du maître d'équipage, des continents vides se peuplent alors d'ouvriers industrieux, et des empires aussi entiers que nouveaux passent du même coup au service de l'humanité.

Telle est l'image qui traîne dans toutes les cervelles et l'on trouve, à l'essai, qu'elle n'est presque qu'enjolivures : plus je voyais mes compagnons de voyage et moins le mode lyrique me tentait. Les hommes qui avaient moins de trente ans étaient rares, nombre d'entre eux étant en outre mariés et chargés d'enfants. Souvent même ils étaient d'un âge avancé – toutes choses qui, en elles-mêmes, détonnaient fort avec mes rêves, car assurément l'émigrant idéal se devait d'être jeune. De même je voulais qu'il offrît au regard le visage d'une humanité audacieuse. Les traits devaient être rudes, presque de faucon, et le front marqué au sceau d'un esprit ardent : on ferait son chemin. Or les gens qui m'entouraient n'étaient, eux, que des citoyens essentiellement calmes, rangés et obéissants, des pères de famille que l'adversité avait brisés, des jeunes gens qui n'avaient pas réussi à se placer dans la vie, des êtres, en somme, qui avaient connu des jours meilleurs. La gentillesse était la caractéristique dominante ; gentil on était né, gentiment on endurait. En un mot, je n'étais nullement en train de prendre part à quelque expédition impétueuse et conquérante du genre de celles qui avaient balayé le Mexique ou la Sibérie mais, tel Marmion, me retrouvais au cœur de « la bataille perdue, jeté à terre d'avoir trop volé ».

L'humanité laborieuse avait, dans ces dernières années, et ce à travers toute la Grande-Bretagne, subi une longue série de défaites écrasantes. J'avais vaguement entendu parler de ces revers, des rues entières aux maisons abandonnées, sur les bords de la Tyne, des portes de cave brisées et emportées comme bois de chauffage, des sans-abri traînant, leurs malles à côté d'eux, aux coins des rues de Glasgow, des manufactures fermées, des grèves inutiles et des filles mourant de faim. Jamais pourtant ces images ne m'étaient vraiment entrées dans la tête, mon imagination s'étant refusée à me représenter tant de détresse d'une manière si frappante. Un brusque revirement sur le marché des affaires est souvent pour les ouvriers une calamité aussi désastreuse que la retraite de Russie pour les Français, mais elle se prête rarement à une mise en scène excitante et, dans le journal du matin, ne se traduit guère que par quelques chiffres insignifiants.

Aussi fort que l'on désire se battre, personne ne naît économiste. L'individu touche plus que la masse, seuls l'accident éclatant et l'appel à la chair nous font, sur l'essentiel, appréhender le sens de la tragédie. Voilà pourquoi ce ne fut qu'au moment où je me retrouvai au cœur de cette débâcle que je commençai à sentir combien la bataille avait été cruelle : nous n'étions qu'une compagnie de ratés. L'ivrogne, l'incompétent, le faible, le prodigue, tous ceux qui avaient été incapables d'affronter l'adversité dans leur propre pays fuyaient maintenant, lamentables, vers une autre contrée ; et qu'un ou deux puissent espérer y réussir n'empêchait pas que tous, ils avaient déjà échoué. Navire de ratés nous étions : les hommes brisés de l'Angleterre. Ne pas aller en conclure néanmoins que ces gens fussent totalement désespérés. Le spectacle qu'ils offraient était, au contraire, fort joyeux. Jamais notre vaisseau ne vit quiconque verser une larme. Tous envisageaient l'avenir avec espoir et montraient un grand penchant pour la gaieté innocente. On en entendait chanter, et tous tentèrent, dès le début, de faire connaissance à l'aide de grimaces fort comiques ou d'éclats de rire toujours prêts à fuser.

Robert Stevenson,
la Route de Silverado,
l'Émigrant amateur,
Phébus 1987

Émigrant, je ne l'avais été que d'une manière latente. J'allais maintenant être une fois de plus marqué au fer rouge et relégué à part avec mes compagnons.

Il était environ deux heures de l'après-midi lorsque, ce vendredi-là, je me retrouvai devant la Maison de l'Émigrant avec plus d'une centaine de personnes : on allait nous trier et nous mettre en boîte pour le voyage. Gourdin sous un bras et liste dans l'autre main, un officiel à cheveux blancs se planta devant nous et commença à faire l'appel d'un ton impérieux. A chaque nom prononcé, c'était une famille qu'on voyait ramasser ses mioches et ses ballots avant de se ruer vers la dernière des trois voitures qui nous attendaient. J'en conclus qu'elle avait été réservée aux femmes et aux enfants. Il s'avéra que la deuxième, soit celle du milieu, avait été allouée aux hommes seuls, la troisième étant, elle, destinée aux Chinois.

L'officiel se mettait facilement en colère au moindre retard mais, déjà prompts à répondre à l'appel de leur nom, les émigrants ne perdaient guère de temps pour, personnes et effets, prendre place à bord du convoi.

Les familles une fois casées, nous autres, hommes seuls, adoptâmes la deuxième voiture sans cérémonie en nous ruant dessus d'un seul assaut. Je tiendrai pour acquis que le lecteur a quelque idée de ce qu'est un wagon de chemin de fer américain, qu'il sait bien en particulier la longue et étroite caisse en bois, l'espèce de deuxième Arche de Noé à plafond bas que ce peut être : poêle à un bou[illegible] et cabinets à l'autre, allée centrale e[illegible]anquettes transversales à main droite et à main gauche. Les voitures de l'*Union Pacific* destinées aux émigrants ne se distinguaient de cette image que par une simplicité extrême – le bois en était le seul matériau – et par l'inhabituelle inefficacité de lampes qui s'éteignent souvent et ne jettent, lorsqu'il leur arrive de brûler, que des lueurs vacillantes. Trop courtes, les banquettes auraient convenu à de jeunes enfants. (...)

Dans les voitures, la soirée fut tendue et pleine de gêne. Il y avait de l'orage dans l'air et cela ne nous aidait pas à nous calmer. Un des voyageurs nous joua bon nombre de morceaux au cornet à pistons, mais personne n'y prêta grande attention avant qu'il n'attaque *Home,*

En 1869, le *Leslie's Illustated Newspaper* annonce : « Le chariot bâché a fait son temps ; la voiture de chemin de fer et tout son confort moderne le remplace. » Mais, pour les émigrants entassés dans les wagons de deuxième classe, le voyage restera toujours une épreuve d'endurance.

Sweet Home. Il fut alors vraiment étrange de constater que la conversation s'arrêta net, le visage de tous commençant dans l'instant à s'allonger. Musicalement parlant, j'ignore absolument si cet air doit être considéré comme bon ou mauvais. Il n'en reste pas moins qu'il fait partie de ces œuvres qu'on ne saurait mieux décrire qu'en les qualifiant de brutalités infligées au sentiment. En matière de pathos, le traitement du sujet se doit toujours d'être digne si l'on veut rester dans la légèreté. A se vautrer nu dans le pathétique, ainsi que le fait l'auteur de *Home, Sweet Home*, on amène vite son public à pleurer comme une femmelette ; or c'est au moment même où l'on est ému que l'on se méprise et déteste le mieux la cause de sa faiblesse. On n'en vint pas aux larmes ce soir-là parce que l'expérience fut interrompue : mine sévère et petit bouc, un vieux monsieur qui avait l'air d'avoir autant de cœur qu'un marchand d'esclaves à la retraite s'était brutalement retourné pour demander à l'artiste d'arrêter ce « satané truc ».

– J'en ai plus qu'assez entendu de cette horreur, ajouta-t-il. Et si on nous jouait quelque chose sur ce bon et beau pays vers lequel nous allons, hein ?

Un murmure d'acquiescement parcourut le wagon. Ayant détaché son instrument de ses lèvres, le musicien éclata de rire et, après avoir hoché la tête, attaqua un rythme de danse – tel un deuxième Timothée, il venait d'étouffer dans l'œuf l'émotion même qu'il avait suscitée.

Robert Stevenson,
la Route de Silverado,
l'Émigrant amateur,
Phébus 1987

Une vision confiante de l'Ouest

Avant Turner, la conquête de l'Ouest suscite l'attention des historiens. Certains y voient la source de tous les dérèglements dont souffre la société américaine, d'autres, tel Lord Bryce, considèrent que son influence ne peut être que favorable à la croissance du pays.

L'Ouest américain est l'un des sujets d'études les plus passionnants du monde moderne. Rien, dans le passé, n'est comparable à son extraordinaire développement, et il est probable qu'on ne trouvera rien de semblable dans l'avenir. Un vaste territoire, merveilleusement riche en ressources naturelles de toutes sortes ; un climat sain et tempéré, convenant à la main-d'œuvre européenne ; un sol généralement, et dans bien des endroits, merveilleusement fertile ; des montagnes riches en minerais dans quelques régions et, dans d'autres, des forêts vierges où chaque arbre dépasse deux cents pieds. Et l'ensemble de ce territoire, réellement vide de tout peuplement, mis tout à coup à la disposition d'une race énergique, ayant à sa portée tous les instruments et innovations de la science moderne. Ces phénomènes sont absolument sans précédent dans l'histoire et ne peuvent se reproduire autre part, car notre planète ne possède pas d'autres régions aussi favorisées...

...L'Ouest est la partie la plus américaine de l'Amérique... la partie où les traits qui distinguent l'Amérique de l'Europe sont le plus en relief... Dans l'Ouest... tout est animation, mouvement et lutte surtout, bien sûr, parmi les Américains d'origine ; mais les immigrants des vallées écartées de la Thuringe, ou des rivages de quelque fjord norvégien, acceptent eux-mêmes, presque aussi facilement, les coutumes du pays que sa langue, et sont bientôt entraînés dans le tourbillon.

Ce sont les Américains les plus entreprenants et les plus instables qui partent pour l'Ouest ; et lorsqu'ils ont abandonné leurs anciens foyers, qu'ils ont brisé les liens qui les retenaient, qu'ils ont renoncé au confort et aux plaisirs dont ils jouissaient, ils sont décidés à acquérir et fortune et succès. Ils se lancent dans le travail avec fièvre, mais aussi avec une intensité soutenue. Ils se lèvent tôt, travaillent tout le jour, ont peu de joies et peu d'occasions de se détendre. (...) Personne n'a d'occupation fixe : aujourd'hui marchand, demain éleveur, mineur la semaine prochaine. Je trouve les garçons du plus grand hôtel de Denver... mettant de côté leurs gages, durant l'automne et l'hiver, pour partir, au printemps, « prospecter les concessions d'argent » dans les montagnes. Peu d'hommes demeurent dans une de ces villes nouvelles plus de quelques semaines ou de quelques mois. Celui qui y reste une année entière est considéré comme un vieil habitant ; un oracle, s'il a réussi ; mais s'il a échoué, il devient la risée de tous car, pour prospérer dans l'Ouest, il faut être capable de faire n'importe quoi... Cette vie mobile et aventureuse fortifie l'imprévoyance et la témérité du peuple...

La population est grisée par les majestueuses proportions de la nature, au sein de laquelle est serti leur lotissement ; par les énormes dépôts de minerai, les prairies sans limites, les forêts qui, même gaspillées – affreusement gaspillées telles qu'elles le sont aujourd'hui – fourniront aux États-Unis du bois pendant des siècles ; par un sol qui, malgré une exploitation rudimentaire, produit d'abondantes récoltes, et par un continent bien peuplé pour les consommer. De toutes parts, ils assistent à la construction de chemins de fer, à la pose de fils télégraphiques, à l'élaboration de lignes de bateaux à vapeur à travers le Pacifique, au jaillissement de villes dans les solitudes et à la métamorphose des étendues sauvages qui, aux mains des colons, s'épanouissent comme la rose.

Cette tension continuelle vers l'avant, cette manière de chercher à saisir l'avenir ne s'exprime point tant en mots... que dans cette atmosphère de hâte incessante et d'effort qui règne partout dans l'Ouest... Le temps y semble toujours trop court pour ce que l'on a à faire, et les résultats restent toujours en deçà des désirs.

Cette hâte et cette fièvre, cette attention permanente apportées au développement des ressources matérielles naturelles du pays sont fâcheuses au point de vue politique et peut-être, aussi, social. De même qu'une ville hâtivement construite est rarement bien construite, de même une société exige l'apport du temps pour se développer sainement. Il n'est pas douteux qu'en laissant reposer et refroidir un liquide, on le débarrasse plus aisément de son écume. L'anarchie et la loi de Lynch disparaîtront ; les bars et les tripots ne sauront prospérer au sein d'une population bien dirigée ; le niveau des écoles s'élèvera et des universités naîtront des collèges un peu primitifs mais qui, déjà, existent dans les Territoires les plus récemment colonisés. Néanmoins les fâcheuses pratiques des politiciens professionnels, en vigueur sur la côte atlantique, ne sont pas ignorées dans ces collectivités ; et l'agitation, l'amour de la spéculation, le goût passionné des résultats rapides et spectaculaires peuvent imprégner l'esprit populaire au point de le marquer pour des siècles. Telles sont les ombres qui, aux yeux du voyageur, obscurcissent le paysage éclatant du Grand Ouest.

Lord Bryce,
le Commonwealth américain,
cité dans *Pionniers vers l'Ouest*,
Bayrd Still, Seghers 1965

L'historien de la Frontière

A la fin du siècle, l'Ouest trouve enfin un historien à sa mesure. En 1893, à Chicago, Frederick Turner expose sa théorie sur « la Frontière dans l'histoire des États-Unis ». Non seulement l'expansion vers l'Ouest a offert un nouvel espace, mais elle a aussi contribué à l'évolution des institutions politiques. La démocratie américaine, avec ses valeurs de liberté et d'égalité, s'est façonnée au rythme de cette épopée.

Presque partout aux États-Unis, la Frontière est une réalité si récente que les conditions primitives de l'Ouest ont été généralement connues de la génération qui nous a précédés. Si nous n'avons pas été des pionniers, nos pères l'ont été, et notre façon de voir les choses, nos idées essentielles, ont toutes été modelées par cette expérience de la démocratie en marche vers l'Ouest, expérience qui a imprégné le tissu même de la pensée américaine.

Même ces maîtres de l'industrie et de la finance, qui doivent leur pouvoir aux ressources de l'Ouest, sortaient de ce type de société et en ont conservé les principes. John D. Rockefeller est né dans une ferme de New York et a commencé sa carrière d'homme d'affaires à Saint-Louis. Marcus Hanna travaillait à l'âge de vingt ans chez un épicier de Cleveland. Claus Spreckles, le roi du sucre, vint d'Allemagne en 1848 comme passager de troisième classe. Marshall Field était garçon de ferme à Conway, dans le Massachusetts, jusqu'à ce qu'il se rendît à Chicago pour y grandir avec la cité. Andrew Carnegie arriva à dix ans d'Écosse à Pittsburgh, qui était alors nettement une ville de l'Ouest. Il édifia sa fortune par échelons successifs jusqu'à devenir le maître des grandes industries du fer, préparant ainsi cette réalisation colossale que devait être le cartel de l'acier. Quelles que soient les tendances de ce groupe, on ne peut guère douter des idéaux démocratiques de Carnegie lui-même. Il a libéralement distribué des millions de dollars à travers les États-Unis pour la création de bibliothèques qui contribuent d'une façon inestimable à maintenir l'esprit démocratique au sein d'un peuple intelligent et digne. Dans *Triumphant Democracy*, qu'il publia en 1886, M. Carnegie, le roi du fer, disait en se référant aux richesses minérales des Etats-Unis : « Dieu merci, ces trésors sont entre les mains d'un peuple intelligent, d'une démocratie, et ils sont destinés à servir le bien-être de la masse, et non les caprices des monarques, des cours ou d'une aristocratie, les viles et égoïstes ambitions d'une classe traditionnellement privilégiée. » Il serait difficile de trouver une profession de foi démocratique plus nette que celle qui est attribuée au même personnage et en vertu de laquelle il eût considéré comme une disgrâce de mourir riche.

Frederick J. Turner,
la Frontière dans l'histoire des États-Unis, PUF 1963

Aujourd'hui, la vision idéaliste de Turner est quelque peu nuancée. Des historiens estiment que, contrairement à ses affirmations, la Frontière et l'expansion ne sont pas synonymes de liberté et de démocratie. Au contraire, l'expansion détruit des communautés et des paysages et la rareté des hommes entraîne, dans ces régions, des réflexes d'égoïsme et de violence. Loin de se niveler, les hiérarchies sociales se durcissent.

La démocratie de l'Ouest impliquait la liberté individuelle et l'égalité. L'homme de la frontière ne supportait plus les contraintes. Il savait maintenir l'ordre même en l'absence de toute autorité légale. Qu'apparaissent des voleurs de bétail, la loi de Lynch était immédiatement mise en œuvre : les *Regulators* des Carolines [membres d'associations créées pour résister à ce qu'ils considéraient comme des extorsions officielles, refuser le paiement des impôts et appliquer dans

Les Comités de Surveillance : une justice souvent expéditive.

certains cas une justice sommaire] furent les prédécesseurs des associations revendicatives de l'Iowa et des Comités de vigilance de Californie. Mais les individus n'étaient pas disposés à se soumettre à une législation compliquée. La population était clairsemée ; il n'y avait pas de réseau serré d'intérêts, comme dans les anciennes colonies, qui réclamaient un système élaboré de contrainte individuelle. Il s'agissait au contraire d'un type de société fortement individualisé. On y retrouvait l'idée primitive de personnalisation de la loi : un crime était davantage un préjudice porté à la victime qu'une violation de la loi. Une justice effective, exercée de la façon la plus directe possible, était l'idéal de l'homme des bois. Il tolérait mal les distinctions subtiles et les scrupules de méthode. Si telle chose lui paraissait opportune, il voulait qu'elle fût faite de la façon la plus immédiate, la plus rude et la plus efficace.

L'absence de vie politique organisée et la dispersion qui caractérisait cette société exaltèrent l'individu et lui offrirent toutes les possibilités. L'Ouest était synonyme de voie ouverte pour tous. On pouvait s'y emparer des mines, y occuper et y acquérir des vallées fertiles ; toutes les ressources naturelles étaient à la disposition du plus rusé et du plus hardi. Les États-Unis sont uniques en ce sens que l'individu y a eu libre carrière, qu'aucune des contraintes de l'ancien ordre social et des méthodes rationnelles de gouvernement n'ont entravé son action. L'idéal de l'homme de l'Ouest était de « se faire lui-même » ; et ceci devait être à la portée de chacun. De son expérience des grands espaces à conquérir, des possibilités qui lui étaient prodiguées, il tira une formule de régénération sociale : la liberté pour chaque individu de faire son propre destin. Ses conditions de vie n'étaient, à ses yeux, ni exceptionnelles, ni provisoires. (...)

L'homme de l'Ouest croyait à la destinée manifeste de son pays. D'autres groupes ethniques, les Indiens, les Espagnols, les Anglais, l'entouraient et freinaient son avance. Il s'indignait de l'indifférence et de l'incompréhension de l'Est devant sa façon d'envisager ses rapports avec ces populations. L'Est menait, à son avis, une politique à courte vue. Le blocage du Mississippi par l'Espagne et les propositions de renonciation à la libre navigation sur le fleuve en échange d'avantages commerciaux pour la Nouvelle-Angleterre faillirent amener l'Ouest à se retirer de l'Union. Ce furent les exigences de l'Ouest qui entraînèrent l'achat de la Louisiane et firent pencher la balance en faveur de la déclaration de la guerre de 1812. La combativité des colons s'accroissait dans cette région qui se développait d'année en année en dépit de l'hostilité des Indiens et d'une nature sauvage. L'Ouest eut l'intuition des destinées continentales de la nation. Dans son histoire des Etats-Unis, Henry Adams prête les propos suivants à l'Américain de 1800 s'adressant à un visiteur étranger : « Voyez ma richesse ! Ces montagnes massives de sel, de fer, de plomb, de cuivre, d'argent et d'or ; ces villes magnifiques disséminées jusqu'au Pacifique ; ces champs de maïs qui rutilent et ondoient sous la brise d'été, d'un océan à l'autre, si vastes que le soleil lui-même ne peut les éclairer tous ensemble jusqu'aux lointaines montagnes qui les bordent ! Voyez mon continent, le plus beau de la création, offrant à la perpétuelle caresse du soleil sa poitrine puissante, gonflée de lait pour ses cent millions d'enfants ! » L'étranger, lui, ne voyait que de sinistres déserts, occupés par des sauvages et des pionniers frappés par les fièvres. Les villes étaient constituées par des cabanes de rondins et quelques antres de joueurs. Mais le rêve du colon de la frontière était prophétique. Malgré sa nature rude et grossière, ce premier homme de l'Ouest était au fond un idéaliste. C'était un rêveur et un visionnaire. Il avait foi en l'homme, en la démocratie, en la destinée de l'Amérique, et ne doutait aucunement de pouvoir réaliser ses rêves. Harriet Martineau disait en 1834 : « Je considère le peuple américain comme un grand poète-enfant, tantôt boudeur, tantôt farouche, mais aboutissant toujours à des résultats marqués du plus grand bon sens : infatigable et fantasque dans l'action mais paisible au fond de son cœur ; exultant à la pensée qu'il a su voir le véritable visage des choses passées et comprendre le sens profond d'un avenir qui lui permettra de créer des merveilles dont le monde commence à peine à rêver. Tel est le plus grand espoir d'une nation qui peut être prise tout entière par une idée. »

Il importe de ne pas oublier cet

idéalisme de l'Ouest. Le matérialisme même que l'on a reproché à cette région s'accompagnait d'idéaux égalitaires, d'une exaltation de l'homme simple, d'un désir d'expansion nationale, et c'est une grande erreur de considérer l'Ouest comme une contrée tournée vers des fins purement matérialistes. Il a été, et il est encore très largement, une région pleine d'idéaux, justifiés ou non.

Frederick J. Turner,
la Frontière dans l'histoire des États-Unis,
PUF 1963

L'effervescence typique d'une petite ville née de l'expansion du chemin de fer dans l'Ouest américain.

Les ballades des grandes Plaines

Le cow-boy chante. Les longues heures à cheval, la poussière, la fatigue et l'ennui transpirent dans les rengaines. La voix brise la solitude, elle est le dialogue du silence et des regards des autres compagnons. Aujourd'hui, ces chansons témoignent de la dureté du métier.

Il semble donc que si certaines romances se chantaient à cheval, c'est surtout au repos que les cow-boys, rassemblés autour des feux de camp ou dans les campements des ranchs, se racontaient des histoires et dévidaient des ballades, comme les bûcherons dans les chantiers ou les marins dans les gaillards d'avant. Il arrivait aussi que, pour une raison ou pour une autre (par exemple, lorsque, après un gros orage, il fallait attendre que le niveau d'une rivière ait descendu pour la traverser), le rythme de travail se relâche : tandis qu'une douzaine de troupeaux attendaient devant une rivière en crue, les hommes des différentes équipes se rendaient visite et écoutaient les nouvelles strophes ajoutées à de vieilles chansons familières. Ces échanges, principale distraction des moments de loisir, s'insèrent de façon exemplaire dans le processus de transmission orale des folklores authentiques. « Presque tous les ranchs avaient des strophes de leur propre cru, note W. Prescott Webb. Un cow-boy doué faisait office de compositeur et ses camarades reprenaient les vers à leur compte. Si d'aventure, un homme d'un autre ranch se pointait, il était censé apprendre à ses hôtes une nouvelle

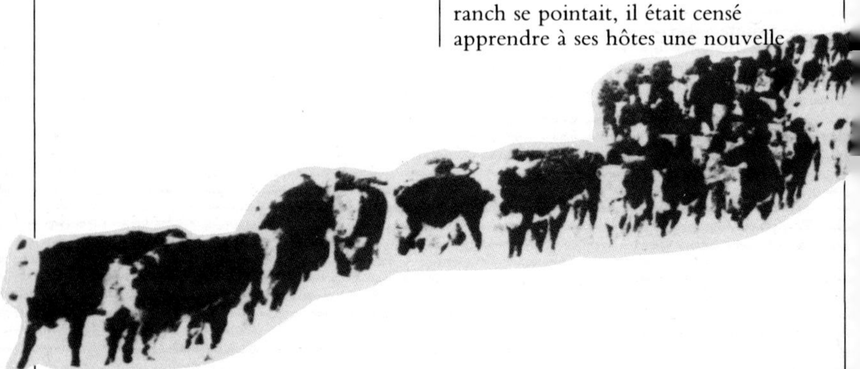

chanson ou les strophes nouvelles d'une ancienne chanson. En échange, il remportait avec lui les "nouveautés" du ranch. C'est ainsi que des chansons comme *The Old Chisholm Trail* acquirent une longueur interminable. » Dorson rappelle cependant que rares étaient ceux qui connaissaient intégralement des chansons, ce qui explique que les collecteurs aient souvent dû les reconstruire à partir de fragments épars. Parfois, un homme chantait une strophe, puis un autre enchaînait, le cas échéant en improvisant, excellent entraînement pour la chanson d'accumulation. Malheureusement, très peu de ces chansons sont parvenues jusqu'à nous. (...)

Si les cow-boys chantaient pendant leurs heures de travail, il semble donc que la plupart des chansons qui nous sont parvenues ont eu surtout une fonction de divertissement. Comme la forêt ou la mer, l'isolement des grandes Plaines engendra une sous-culture particulière. Le folklore des cow-boys n'exprime pas des sentiments individuels mais ceux de la communauté qui le chantait ou l'écoutait : exécutants et auditeurs participaient de concert à sa création, si bien qu'à côté des romances traditionnelles, on constitua un répertoire original décrivant les activités et le système de valeurs du groupe : « L'auteur n'a aucune importance, fait observer Louise Pound ; en général, personne ne se souvient de son nom, et ce qu'il invente caractérise aussi bien ses camarades que lui-même... Cette littérature nous procure un indice parfait des idées sociales de la communauté au sein de laquelle elle a vu le jour, littérature sans prétentions littéraires ni ambition psychologique... »

Dans les berceuses que l'on fredonnait pour apaiser le bétail, ou dans les ioulements destinés à l'aiguillonner, le médium devenait donc le message, le timbre de la voix l'emportant sur les mots ; par contre, les ballades et les romances chantées pendant les moments de loisir devant des auditeurs initiés et complices, sans harmonie, sur des mélodies

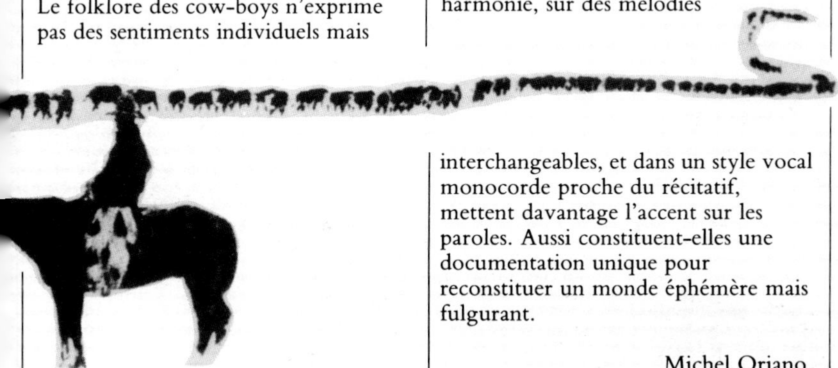

interchangeables, et dans un style vocal monocorde proche du récitatif, mettent davantage l'accent sur les paroles. Aussi constituent-elles une documentation unique pour reconstituer un monde éphémère mais fulgurant.

Michel Oriano,
les Travailleurs de la Frontière, bûcherons, cow-boys et cheminots américains au XIXe siècle,
Payot 1980

Je veux être un cow-boy

(Sur l'air de *Je veux être un ange)*

1 Je veux être un cow-boy
Et passer mon temps avec les cow-boys,
Avoir des leggins en cuir sur les jambes,
Et un pistolet à six coups au poing.
Et, même si le chef m'a à l'œil,
Je ferai seulement des petits jobs pendant l'hiver.
Mais je m'prendrai un boulot régulier
Quand le troupeau retournera au pâturage.

2 J'aurai une selle en cuir repoussé
Et un mors aux branches d'argent,
Avec des motifs gros comme des dollars,
Et des éperons d'argent, en plus,
Et un long fouet en cuir vert
Et un gros Colt 45.
Je serai un cow-boy modèle
Aussi sûr que vous êtes vivant.

3 Je veux être un dur
Et être très méchant ;
Avec mon grand sombrero blanc,
Je f'rai pâlir d'envie tous les gommeux de l'Est.
Je s'rai soûl comme une bourrique
Et je mitraillerai toute la ville ;
Si un jour j'ai le temps,
Tu peux y aller que j'leur referai les peintures.

4 Je veux être un dresseur de chevaux
Et monter le plus difficile,
Et lui écorcher le poitrail
Avec mes éperons d'argent, parbleu.
Je lui râclerai les flancs de long en large –
Un peu que ça fera du vent !
Je serai bien ferme sur mes arçons,
Je ne ferai qu'un avec ma monture.

5 Je veux être un homme qui compte
Et travailler en plein air
Et galoper parmi le troupeau
Qui s'écartera pour me livrer passage.
Un as, voilà ce que je veux être.
Et j'en s'rai un, d'as, pour sûr.
Je sais très bien que je réussirai comme cow-boy,
Je suis sûr que je remporterai la palme.

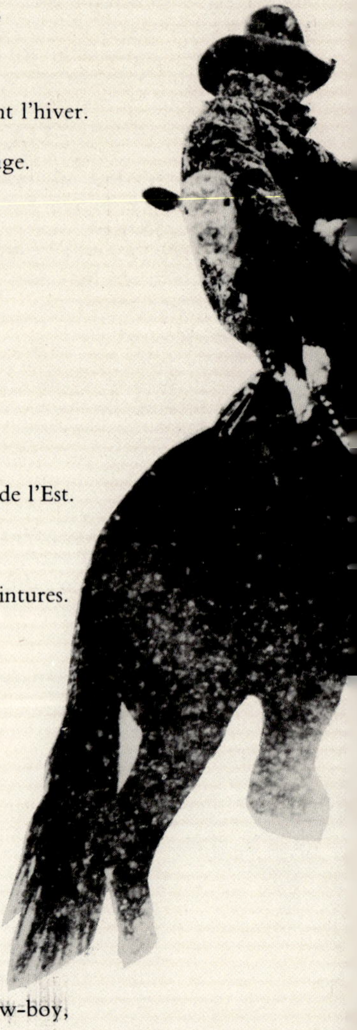

I Want To Be a Cowboy

TUNE : I Want To Be an Angel

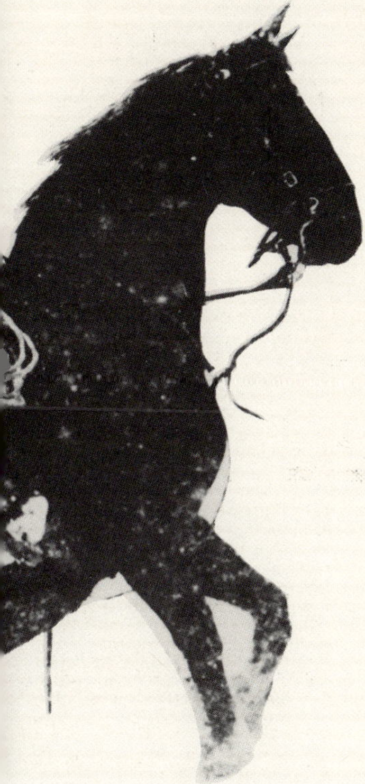

1 I want to be a cowboy
And with the cowboys stand,
With leather chaps upon my legs
And a six-gun in my hand.
And, while the foreman sees me,
I'll make some Winter plays ;
But I will catch a regular
When the herd's thrown out to graze.

2 I'll have a full-stamped saddle
And a silver-mounted bit,
With conchos big as dollars,
And silvered spurs, to wit ;
With a long rawhide reata
And a big Colt's forty-five,
I'll be a model puncher
As sure as you're alive.

3 I want to be a tough man
And be so very bad ;
With my big white sombrero,
I'll make the dude look sad.
I'll get plumb full of bug juice
And shoot up the whole town ;
When I start out to have a time,
You bet I'll do it brown.

4 I want to be a buster
And ride the bucking horse,
And scratch him in the shoulders
With my silvered spurs, of course.
I'll rake him up and down the side –
You bet I'll fan the breeze !
I'll ride him with slick saddle
And do it with great ease.

5 I want to be a top man
And work on the outside
So I can ride within the herd
And cut it high and wide.
Oh, a rep is what I want to be,
And a rep, you bet, I'll make.
At punching cows, I know I'll shine ;
I'm sure I'll take the cake.

La vie de cow-boy

I

La vie de cow-boy est une sale vie morne
Toujours dans le grésil et dans la neige.
Quand vient l'hiver il commence à se demander
Où ont bien pu passer ses gages d'été.

2

Quand le convoyage est achevé
Et tout le travail terminé
Il accroche sa selle Frazier
Et songe à prendre du bon temps.

3

Il vient trouver le patron
Et retire sa paie au complet.
Le boss dit : « Pour sûr que tu peux revenir, toi. »
Alors le cow-boy pense qu'il a du piston.

4

Il entra dans le saloon ;
Là il sortit sa petite liasse de billets.
Il commanda une tournée générale,
Et bientôt il était rond comme une bille.

5

Il dit aux autres qu'il avait abandonné
Et que c'était fini pour lui le travail.
Après ils l'entraînèrent dans une partie de poker
Et le mirent sur la paille.

6

Il se releva et regarda autour de lui,
Puis il dit qu'il était exactement de cette race :
Il avait tout perdu dans une partie de poker
Et ça lui était complètement égal.

7

A présent il retourne au ranch
Celui qu'il venait d'abandonner ;
Il tanne le patron pour avoir un nouveau boulot...
Celui qui lui réussit si bien.

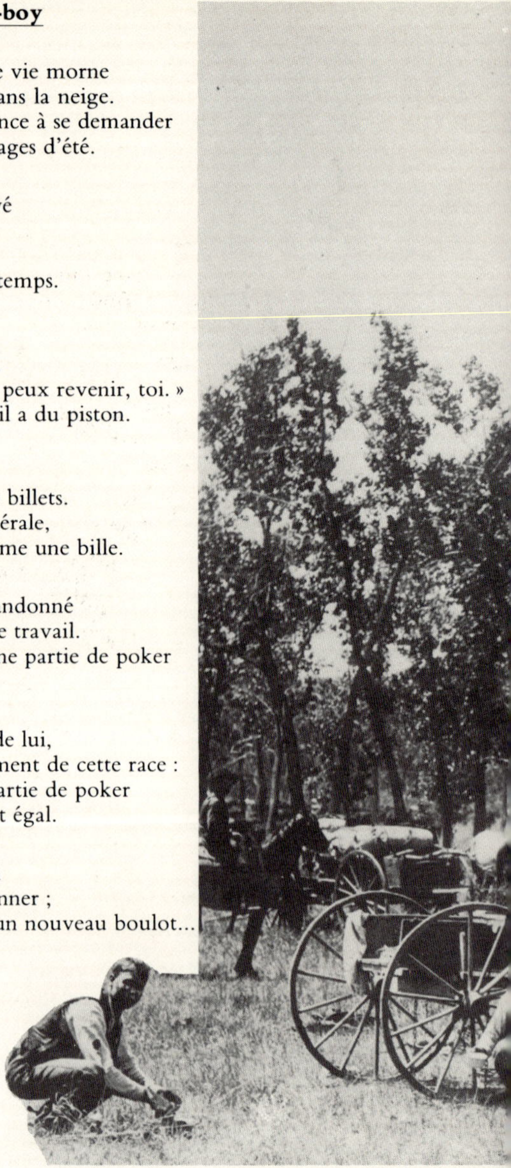

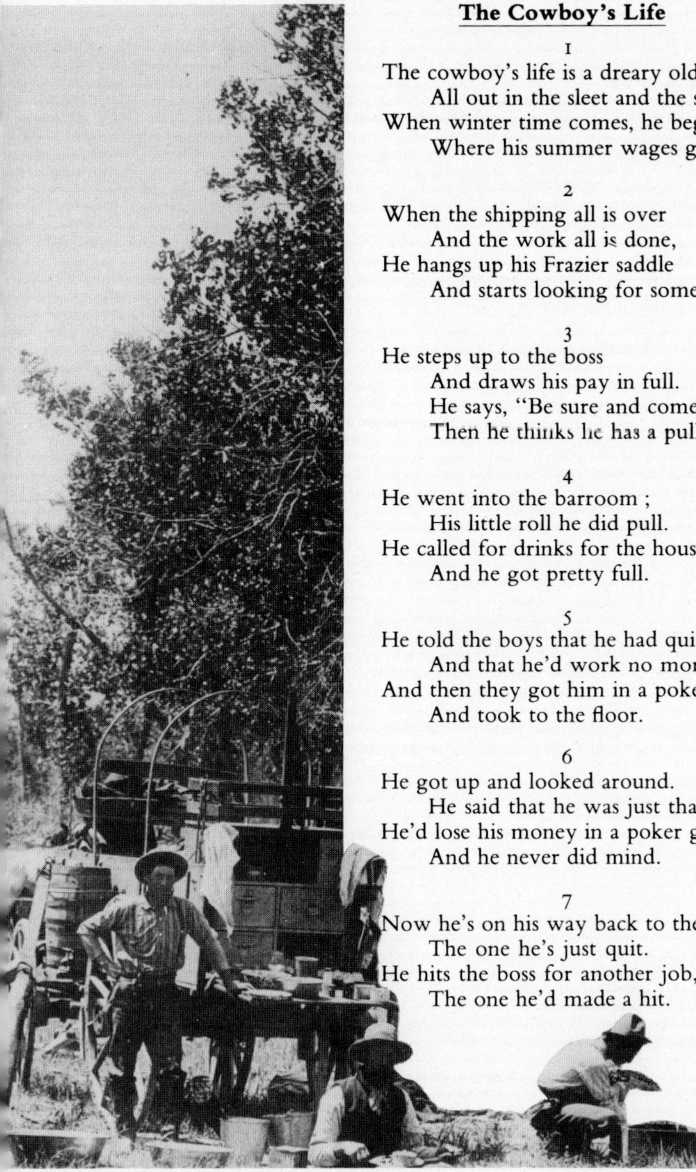

The Cowboy's Life

I

The cowboy's life is a dreary old life,
All out in the sleet and the snow.
When winter time comes, he begins to think
Where his summer wages go.

2

When the shipping all is over
And the work all is done,
He hangs up his Frazier saddle
And starts looking for some fun.

3

He steps up to the boss
And draws his pay in full.
He says, "Be sure and come back, boy."
Then he thinks he has a pull.

4

He went into the barroom ;
His little roll he did pull.
He called for drinks for the house,
And he got pretty full.

5

He told the boys that he had quit
And that he'd work no more,
And then they got him in a poker game
And took to the floor.

6

He got up and looked around.
He said that he was just that kind :
He'd lose his money in a poker game,
And he never did mind.

7

Now he's on his way back to the rancho,
The one he's just quit.
He hits the boss for another job,
The one he'd made a hit.

La vieille piste Chisholm

I

Approchez-vous, les gars, et écoutez mon histoire.
Je vais vous raconter les ennuis que j'ai eus sur la vieille piste
[Chisholm.

CHŒUR

Coma ti yi youpy, youpy ya, youpy ya,
Coma ti yi youpy, youpy ya.

2

J'ai commencé à remonter la piste le vingt-trois octobre,
J'ai commencé à remonter la piste avec le troupeau marqué
[« 2 U ».

3

J'ai un canasson à dix dollars et une selle à quarante dollars,
Et j' m'en vais faire le cow-boy au Texas.

4

J'me suis réveillé un matin sur la vieille piste Chisholm,
Une corde dans une main et la queue d'une vache dans l'autre.

5

Le matin je suis debout avant qu'il fasse jour
Et quand je me couche la lune est haute dans le ciel.

6

Le vieux Ben Bolt était un sacré bon patron
Il était allé voir les filles sur un cheval blessé au dos.

7

Le vieux Ben Bolt était un vieil homme sympa,
Et tout le monde savait qu'il avait toujours du whisky dans
[ses parages.

8

Mon canasson m'a expulsé dans le ruisseau qui s'appelle Vase,
Mon canasson m'a éjecté au beau milieu du troupeau marqué
[« 2 U ».

9

La dernière fois que je l'ai vu il traçait ventre à terre dans la
[plaine,
Pédalant des quatre fers et courant comme un diable.

10

Le temps est nuageux dans l'Ouest, on dirait qu'il va pleuvoir,
Et mon sacré vieux ciré est bien sûr dans le chariot.

11

J'ai estropié mon cheval, je n'sais pas trop comment,
En attrapant au lasso une vache marquée « 2 U ».

The Old Chisholm Trail

1

Come along, boys, and listen to my tale ;
I'll tell you of my troubles on the old Chisholm Trail.

CHORUS

Coma ti yi youpy, youpy ya, youpy ya,
Coma ti yi youpy, youpy ya.

2

I started up the trail October twenty-third,
I started up the trail with the 2-U herd.

3

Oh, a ten-dollar hoss and a forty-dollar saddle –
And I'm goin' to punchin' Tewas cattle.

4

I woke up one morning on the old Chisholm Trail,
Rope in my hand and a cow by the tail.

5

I'm up in the mornin' afore daylight,
And afore I sleep, the moon shines bright.

6

Old Ben Bolt was a blamed good boss,
But he'd go to see the girls on a score-backed hoss.

7

Old Ben Bolt was a fine old man,
And you'd know there was whiskey wherever he'd land.

8

My hoss throwed me off at the creek called Mud ;
My hoss throwed me off round the 2-U herd.

9

Last time I saw him he was going cross the level
A-kicking up his heels and a-running like the devil.

10

It's cloudy in the West, a-looking like rain,
And my damned old slicker's in the wagon again.

11

Crippled my hoss, I don't know how,
Ropin' at the horns of a 2-U cow.

12

Nous avons eu vite fait d'atteindre la ville de Caldwell ;
Nous avons préparé la litière des vaches sur la colline tout près.

13

Pas d'jambières, pas d'ciré, et il pleut des cordes ;
Je le jure, par Dieu, je n'garderai plus jamais de troupeau la
[nuit.

14

Le pied dans l'étrier et le derrière en selle,
Elles finiront par avoir ma peau, ces Grandes Cornes !

15

Cette nuit je montais la garde, quand le taureau de tête
[s'échappe.
Je frappe mon cheval au garrot et je lui donne de l'éperon dans
[les flancs.

16

Le vent commençait à souffler, et la pluie s'est mise à tomber ;
Tudieu, on aurait dit qu'on allait tous les paumer.

17

J'ai sauté en selle et agrippé le pommeau –
J'suis le meilleur foutu cow-boy qui vit jamais le jour.

18

J'ai mis le pied à l'étrier et poussé un petit ioulement ;
Le gros du troupeau a pris à gauche et les taureaux de tête ont
[disparu droit devant.

12
We hit Caldwell, and we hit her on the fly ;
We bedded down the cattle on the hill close by.

13
No chaps, no slicker, and it's pouring down rain ;
And I swear, by god, I'll never night-herd again.

14
Feet in the stirrups and seat in the saddle,
I hung and rattled whith them long-horn cattle.

15
Last night I was on guard, and the leader broke the ranks ;
I hit my horse down the shoulders and I spurred him in the flanks.

16
The wind commenced to blow, and the rain began to fall ;
It looked, by grab, like we was goin' to loss'em all.

17
I jumped in the saddle and grabbed holt the horn –
Best blamed cow-puncher ever was born.

18
I popped my foot in the stirrup and gave a little yell ;
The tail cattle broke, and the leaders went to hell.

19

J'me fous pas mal qu'ils n'arrêtent jamais leur course,
Je galoperai aussi longtemps que la terre tournera.

20

Le pied dans l'étrier et la main sur le pommeau,
J'suis le meilleur foutu cow-boy qui vit jamais le jour.

21

J'ai gardé le troupeau, je savais brailler et je m'en sortais bien,
Jusqu'au jour où le patron a dit : « Laissez-les donc aller au
[diable, les gars ! »

22

Une vache isolée s'est pointée vers nous et le patron a dit de
[l'abattre,
Alors je lui ai déchargé mon flingue dans la croupe.

23

Nous avons encerclé nos bêtes et les avons mises dans les wagons
Et ce fut la fin du troupeau marqué « 2 U ».

24

Oh, ce lard et ces fayots presque tous les jours...
Pour un peu j'me serais fait ruminant !

25

Je suis sur mon meilleur cheval et je vais à fond de train,
Je suis le cow-boy le plus rapide à tirer que la terre ait porté.

26

Je suis allé à la paye pour recevoir ma liasse
Pour rentrer au Texas, où purée va falloir remettre ça.

27

Je suis allé trouver le patron pour toucher mon magot ;
Il l'avait calculé : j'étais à croum de neuf dollars !

28

Je revendrai mon attirail dès que je le pourrai ;
Je n'ai plus l'intention de faire le cow-boy pour personne.

29

Je reviens en ville pour retirer mon argent,
Je rentre chez moi pour revoir ma chérie.

30

Les genoux sur la selle et le derrière dans les nuages,
J'arrêterai d'être cow-boy un de ces quatre matins !

Chansons traduites par Marianne Bonneau

19

I don't give a damn if they never do stop ;
I'll ride as long as an eighty-day clock.

20

Foot in the stirrup and hand on the horn –
Best damned cowboy ever was born.

21

I herded and I hollered and I done very well,
Till the boss said, "Boys, just let'em go to hell."

22

Stray in the herd, and the boss said kill it,
So I shot him in the rump with the handle of the skillet.

23

We rounded'em up and put'em on the cars,
And that was the last of the old Two Bars.

24

Oh it's bacon and beans most every day –
I'd as soon be a-eatin' prairie hay.

25

I'm on my best horse, and I'm goin' at a run ;
I'm the quickest shootin' cowboy that ever pulled a gun.

26

I went to the wagon to get my roll
To come back to Texas, dad-burn my soul.

27

I went to the boss to draw my roll ;
He had it figgered out I was nine dollars in the hole.

28

I'll sell my outfit just as soon as I can ;
I won't punch cattle for no damned man.

29

Goin' back to town to draw my money,
Goin' back home to see my honey.

30

With my knees in the saddle and my seat in the sky,
I'll quit punching cows in the sweet by and by.

Chansons extraites de *les Travailleurs de la Frontière, bûcherons, cow-boys et cheminots américains du XIXe siècle*,
Michel Oriano, Payot 1980

Une femme de légende

Martha Canary, connue sous le nom de Calamity Jane, est la parfaite illustration des héros mythiques de l'Ouest. On ignore presque tout de sa vie, si ce n'est qu'elle sillonne les camps de mineurs et les saloons, elle fait du théâtre et de la prostitution. On ne compte plus ses aventures sentimentales, dont la plus célèbre reste son mariage secret, en 1870, avec le justicier « Wild Bill Hickok ».

Deadwood Septembre 1880

Janey,

Une lettre de ton papa Jim est arrivée aujourd'hui avec une autre photo de toi. Ton anniversaire tombe ce mois-ci, tu as sept ans. J'aime cette photo de toi, tes yeux et ton front sont ceux de ton père ; le bas du visage, la bouche et les cheveux sont les miens. L'expression de tes yeux bleus, avec leurs longs cils noirs, est exactement celle de ton père.

C'est bien que tu n'aies pas à fréquenter une école publique. Tu as de la chance d'avoir un homme comme le capitaine O'Neil pour te donner tant de tout. Je n'ai rien eu, Janey, et quand je pense que tu es à bord d'un navire avec ton papa Jim, avec un précepteur tout à toi et de jolis vêtements, et il me dit que tu prends des leçons de piano. Sois gentille avec lui, chérie, et aime-le toujours pour tout ce qu'il a fait pour toi. Quand il t'a fait écrire ton nom sur la lettre qu'il m'envoyait, c'était si aimable de sa part. Tu as une si jolie écriture, ça m'a fait honte de la mienne.

Ta photographie m'a rappelé toutes les années que j'ai vécues avec ton père, et je me suis rappelé comme j'étais jalouse de lui. J'ai envie d'écrire sur lui ce soir, aussi te dirai-je des choses que tu dois savoir. J'ai rencontré James Butler Hickok, « Wild Bill », en 1870, près d'Abilene, Kansas. J'avais entendu une bande de hors-la-loi se préparer à le tuer. Je ne pouvais pas aller jusqu'à l'endroit où se trouvait mon cheval, j'ai donc rampé pendant plus d'un mille sur les mains et les genoux à travers la brousse, en contournant les hors-la-loi, et j'ai atteint la vieille cabane où il passait cette nuit-là. Je l'ai averti et il m'a cachée derrière la porte pendant qu'il échangeait des coups de feu avec eux. Ils l'ont touché, lui labourant le sommet du crâne, et puis ils l'ont entendu tomber et ils ont frotté des allumettes pour voir s'il était mort. Bill les a tous tués. Je n'oublierai jamais l'air qu'il avait, avec le sang qui lui coulait sur le visage, tandis qu'il se servait de ses deux pistolets. Il ne visait jamais et je crois qu'il n'a jamais été réputé pour avoir raté quelqu'un qu'il visait – je veux dire : qu'il voulait tuer –, et il ne tirait que pour se défendre. Alors, il était tout à fait sûr de lui. Je l'ai soigné plusieurs jours, et puis, sur le chemin d'Abilene, on a rencontré le révérend Sipes et le révérend Warren, et on s'est mariés. Il y aura beaucoup de gens pour en douter, mais je te laisserai un tas de preuves que nous nous sommes mariés. Tu n'as pas été une pouliche des bois, Janey. Ne laisse jamais aucun de ces [*effacé*] pleins de pus s'en tirer avec ce mensonge.

J'ai honte de cette écriture, mais je ne peux pas faire mieux. Je dois te parler de ce certificat de mariage à nous. Ton père avait l'intention de le faire transformer en un vrai, un imprimé. Je veux régler ça un jour

Calamity Jane avait la réputation d'être une femme qui faisait ce qu'elle voulait. Les *saloons* et les tripots ne lui faisaient pas peur.

comme il le voulait. (...) Tu trouveras dans l'album une photographie des parents de ton père, ainsi qu'une épingle d'or en forme de fer à cheval qui appartenait à la mère de ton père.

Il me les a données. Prends-en soin, chérie. Et puis, elles sont si anciennes et elles auront valeur de souvenir quand tu seras vieille. L'arme que je garde pour toi, c'est ton père qui me l'a donnée. Il m'a acheté cette bague comme bague de mariage. Je la mettrai pour toi parmi mes trésors. Elle a été achetée à Abilene, Kansas, pendant que je m'y trouvais avec lui. J'étais si jalouse de chaque femme, là-bas. L'une d'elles, que j'appelle toujours sa concubine, était Mamie Werly, une danseuse. Je me mettais en rage et je l'appelais comme ça devant lui. Il se contentait de rire et de dire : « Sotte de Jane, embrassons-nous et n'en parlons plus. » Il ne me cherchait jamais querelle au sujet de Mamie Werly et ne faisait aucune attention à elle ; j'étais tout de même jalouse et imaginais des tas de choses. Ne laisse pas la jalousie te prendre, Janey. Elle tue l'amour et toutes les choses agréables de la vie. Elle a éloigné ton père de moi. Quand je l'ai perdu, j'ai perdu tout ce que j'avais aimé, toi exceptée. Je lui ai accordé le divorce afin qu'il puisse épouser Agnes Lake. J'essayais de me faire pardonner les moments de jalousie et les accès de mesquinerie. Si elle l'avait aimé, elle serait venue par ici avec lui, mais elle ne l'a pas fait et j'ai été heureuse de l'avoir de nouveau, même s'il était marié et elle si loin. J'ai toujours excusé notre péché en sachant qu'il avait été à moi bien avant d'être à elle. Un homme peut aimer deux femmes à la fois. Il l'aimait et pourtant il m'aimait. Il m'aimait à cause de toi, Janey. Cette première photo de toi qu'a envoyée ton papa Jim, ton père la voulait. Je la lui ai donnée et elle était dans sa poche le jour où il a été tué. Sa famille pensait que je n'étais pas assez bonne pour lui. Cela et ma jalousie, voilà tout notre malheur. Quand il est revenu, après avoir épousé Agnes Lake, je pensais que je le battrais froid, mais un jour, nous nous sommes revus et nous nous sommes tous deux aperçus que nous nous aimions encore l'un l'autre plus que jamais. J'oubliais tout quand j'étais près de lui. Personne d'autre ne l'a jamais su. Si quelqu'un me faisait une allusion à cette situation, je m'avançais et lui cassais la figure, et lui aussi le niait. Nous vivions tous les deux une vie de mensonges. Il était fait pour moi, pas pour Agnes Lake, sans quoi il serait resté dans l'Est avec elle au lieu de me revenir. Il m'a dit une fois que le plus gros mensonge, parmi tous ceux qu'on a pu raconter sur lui, c'est qu'il serait monté sur la scène comme acteur. C'est un autre homme qui a joué ce rôle. Il n'a jamais été ce grand imbécile qu'à son avis il commençait à être aux yeux du public ; ça ne lui ressemblait pas.

Ton père n'était pas un bateleur comme Bill Cody. Buffalo Bill aimait la ramener avec un tas de vantardises et de prétentions et de mensonges, mais pas Bill Hickok. Il était d'une autre espèce, Janey, même s'ils étaient amis. Ton père avait quinze ans de plus que moi. Le 1er mai, en 1852, je suis née à Princeton, Missouri. Ton père est né en 1837 à Troy Grove, Illinois. Il ne m'a jamais dit quel mois. Un peu moins d'un an après qu'il a été tué, un bureau de poste a été créé à Deadwood, en avril 1877. Jusque-là, il fallait que je rencontre les expéditions qui venaient dans les Blacks Hills pour pouvoir

avoir des nouvelles de toi par ton papa Jim.

J'ai tant à te dire, Chérie, mais il semble que je sois incapable de relier tout ça correctement. Je me réveille la nuit et je pense à certaines choses que je devrais te dire, puis j'oublie quand j'ai l'occasion d'écrire à nouveau. A la poste, chaque fois que Sol Starr me tend une lettre, il prend l'air d'en savoir long et me dit : « T'as un petit ami en Angleterre, hein, Jane ? » Je réponds toujours : « Diable, oui. » Un jour, il lisait une lettre et ne m'a pas vue qui attendais, aussi je lui ai dit : « Bon, Sol, quand tu auras fini de lire ma lettre, j'aimerais l'avoir. » Il a sursauté comme si je lui avais tiré dessus. Je reçois parfois des lettres du général Brisbane. Je peux aller dans les camps sioux et cheyenne, où un homme ne pourrait se rendre sans être tué. Ils pensent que je suis franchement toquée et je me déplace sans être inquiétée. Tout le monde m'appelle Calamity Jane. Ton père m'a donné ce nom – lui et le capitaine Eagen, mais ton père m'a appelée comme ça quand j'ai entendu ces hors-la-loi préparer sa mort et que je l'ai averti. Il a été le premier à m'appeler Calamity Jane. Nous nous sommes rencontrés pour la première fois près de Laramie, Wyoming. Ma vie avec ton père, je saurai toujours que ce furent les jours les plus heureux de ma vie, Janey. Dans mon errance sans but, je l'ai rencontré. Il a reçu son surnom de Wild Bill à Rock Creek, Kansas, parce qu'il avait tué en légitime défense une bande de meurtriers, ce qui l'a rendu fameux comme grand tireur des deux mains. Les hors-la-loi le traquaient à plusieurs, ils étaient toujours une demi-douzaine ou plus à l'avoir dans leur ligne de mire. Souviens-toi, Janey, son nom ne mourra jamais tant que le soleil brillera. Aussi longtemps que les années passeront sur la tête des hommes, le monde se souviendra de ton père. Il n'aimait pas trop Deadwood, mais il aimait l'animation qu'il y avait ici en ce temps-là, et la seule raison qui m'a fait revenir ici, c'est à cause de ma vie ici avec Bill Hickok. J'ai toujours passé pour son associé, le *Jack of Diamonds.* Les deux épingles d'or en forme de fer à cheval appartiennent à Ann Hickok, ta grand-mère. Tu lui ressembles beaucoup, à ce que m'a dit ton père. Ils devront te réclamer un jour, car tu leur ressembles vraiment.

Au revoir pour le moment.

Calamity Jane : *Lettres à sa fille,*
Seuil 1975

Bandes dessinées

Après avoir conquis la littérature et le cinéma, l'Ouest ne pouvait rester indifférent à la bande dessinée. Tout en oscillant entre le stéréotype et la révolte, les images s'imposent plus que les mots.

Le western en bandes dessinées apparut au début du siècle (surtout dans les années 1920) aux États-Unis. Ces bandes, inspirées par la conquête de l'Ouest américain, parurent en *strips* dans les journaux (*daily strip* et *sunday page*).

En Europe, le western pénètre surtout à partir des années 1930. Le matériel américain paraît dans les journaux de jeunes (*Hop-là*, *Robinson*, *Hurrah* et *Junior* en France, *Spirou* en Belgique), mais les auteurs européens créent bientôt leurs propres bandes (*Kid Carson,* de Rino Ablatarelli en 1938, *le Réveil des Sioux* de Le Rallic en 1938, *Buffalo Bill* de Brantonne en 1941, *Buffalo Bill* encore, de Giffey, en 1946, etc.)

Etude générale

Epopée et mythes du western dans la BD, Paul Herman, Glénat, 1982.

Albums

1946 *Lucky Luke,* Morris (31 titres), Dupuis, (24 titres) Dargaud.
1949 *Red Rider*, Fred Harman (7 titres), Dupuis.
1953 *Chick Bill*, Tibet (54 titres), Lombard Dargaud.
1953 *Sergent Kirk*, Pratt/Desterheld (Fascicules Sagedition) et Humanoïdes.
1954 *Jerry Spring*, Jije (20 titres), Dupuis.
1957 *Moky et Poupy*, Bussemey (38 titres), Fleurus.
1958 *Oumpah-Pah*, Uderzo/Goscinny (3 titres), Lombard Dargaud.
1959 *Jack Diamond*, L. et F. Funcken (3 titres), Lombard Dargaud.
1963 *Blueberry*, Giraud/Charlier (26 titres), Dargaud.
1967 *Doc Silver*, L. et F. Funcken (5 titres), Lombard Dargaud.

1968 *les Tuniques bleues*, Salverius/Cauvin, puis Lambil/Cauvin (26 titres), Dupuis.
1969 *Comanche*, Hermann/Greg (10 titres), Lombard.
1971 *Manos Kelly*, Palacios (3 titres), Mon voyage.
1971 *Go West*, Derib/Greg (1 titre), Lombard Dargaud.
1972 *Buddy Longway*, Derib (15 titres), Lombard Dargaud.
1973 *Yakari*, Derib/Job (13 titres), Casterman.
1974 *Jonathan Cartland*, Blanc-Dumont/Harle (8 titres), Dargaud.
1974 *Nevada Hill*, Buzzeli/Gourmelen (1 titre), Dargaud.
1974 *Alexis Maccoy*, Palacios/Gourmelen (3 titres), Dargaud.
1974 *les Peaux-Rouges*, Kresse (9 titres), Casterman.
1975 *la Tribu terrible*, Gordon Bess (1 titre), Lombard.
1975 *Amargo*, V. de la Fuente (2 titres), Hachette.
1975 *Sunday*, V. de la Fuente/Mora (2 titres), Hachette.
1976 *Fort Wheeling*, Hugo Pratt (2 titres), Casterman et Humanoïdes.
1978 *l'Indien blanc*, Frazetta (1 titre), Fromage.
1979 *les Gringos*, V. de la Fuente/Charlier (2 titres), Fleurus.
1979 *Tony Stark*, Aidans (6 titres), Fleurus, Novedi, Hachette.
1979 *Jeremiah*, Herman (11 titres), Fleurus, Novedi, Hachette.
1979 *Jim Cutlass*, Giraud/Charlier (1 titre), Humanoïdes.
1980 *Mortimer*, V. de la Fuente (1 titre), Elvifrance.
1981 *Jesuite Joe*, Hugo Pratt (1 titre), Dargaud.
1981 *Durango*, Swolfs (7 titres), Des Archers.
1981 *Mattocheega*, Letoct/Sauerwein (2 titres), Bayard.
1982 *Quatre Doigts, l'homme de papier*, Manara (1 titre), Dargaud.
1983 *Celui qui est né deux fois*, Derib (3 titres), Lombard.
1985 *l'Indienne blanche*, Paolo Eleuteri Serpieri (1 titre), Dargaud.
1986 *Un été indien*, Manara/Pratt (1 titre), Casterman.
1987 *l'Homme qui croyait à la Californie*, Derib/Godard (1 titre), Lombard.

Les dates correspondent à la première parution en album.
Les séries américaines sont évidemment parues antérieurement dans la presse.

Le western, l'art de la légende

Environ 1 700 westerns ont été tournés depuis le début du siècle. Cette production considérable est à l'origine d'un genre cinématographique incomparable dans l'histoire du cinéma, mais aussi de la diffusion d'une culture à travers le monde.

Butch Cassidy et le Kid (Butch Cassidy and the Sundance Kid), George Roy Hill, 1969.

Depuis sa création, le western est demeuré un genre très populaire qui a excellé dans la production de stéréotypes. Un grand nombre de films de médiocre qualité n'ont survécu que le temps d'une saison, tandis que quelques-uns continuent à séduire les générations et contribuent, aujourd'hui encore, à la gloire du cinéma. Notre choix propose une sélection de films qui puisent leur inspiration dans l'histoire de l'Ouest, parmi les œuvres les meilleures, du moins à notre avis.

A L'AUBE D'UN STYLE

L'Attaque du grand rapide (The Great Train Robbery), Edwin S. Porter, 1903.
Le Cœur de l'Indien (The Heart of the Indian), Thomas Harper Ince, 1912.
Malec chez les Indiens (The Paleface), Buster Keaton, 1921.
Le Dernier des Mohicans (The Last of the Mohicans), Maurice Tourneur, 1922.
Le Cheval de fer (The Iron Horse), John Ford, 1924.

L'ÉPOPÉE DE L'OUEST

La Charge fantastique (The Died With Their Boots On), Raoul Walsh, 1941.
Buffalo Bill (Buffalo Bill), William Wellman, 1944.
La Rivière Rouge (Red River), Howard Hawks, 1948.
La Porte du Diable (Devil's Doorway), Anthony Mann, 1950.
La Flèche brisée (Broken Arrow), Delmer Daves, 1950.
Au-delà du Missouri (Across the Wide Missouri), William Wellman, 1950.
L'Ange des maudits (Rancho Notorious), Fritz Lang, 1952.
Johnny Guitare (Johnny Guitar), Nicholas Ray, 1954.
L'homme qui n'a pas d'étoile (Man Without a Star), King Vidor, 1954.

La *Chevauchée fantastique (Stagecoach)*, John Ford, 1939.

La Dernière Chasse (The Last Hunt), Richard Brooks, 1956.
La Prisonnière du désert (The Searchers), John Ford, 1956.
Le Jugement des flèches (Run of the Arrow), Samuel Fuller, 1957.
Caravane vers le soleil (Thunder in the Sun), Russel Rouse, 1959.
Le Vent de la plaine (The Unforgiven), John Huston, 1960.
Les Professionnels (The Professionals), Richard Brooks, 1966.

Le *Cavalier solitaire (Pale Rider)*, Clint Eastwood, 1985.

LA LOI ET L'ORDRE

La Chevauchée fantastique (Stagecoach), John Ford, 1939.
La Poursuite infernale (My Darling Clementine), John Ford, 1946.
La Fille du désert (Colorado Territory), Raoul Walsh, 1949.
Le train sifflera trois fois (High Noon), Fred Zinnemann, 1952.
L'Appât (The Naked Spur), Anthony Mann, 1953.
Le Gaucher (The Left Handed Gun), Arthur Penn, 1958.
L'Homme de l'Ouest (Man of the West), Anthony Mann, 1958.
Rio Bravo (Rio Bravo), Howard Hawks, 1959.

Rio *Bravo*, Howard Hawks, 1959.

Le Dernier Train de Gun Hill (Last Train from Gun Hill), John Sturges, 1959.
El Perdido (The Last Sunset), Robert Aldrich, 1961.
L'homme qui tua Liberty Valance (The Man Who Shot Liberty Valance), John Ford, 1962.
Coups de feu dans la sierra (Ride the High Country), Sam Peckinpah, 1962.

LA FIN DES MYTHES

Butch Cassidy et le Kid (Butch Cassidy and the Sundance Kid), George Roy Hill, 1969.
Willie Boy (Tell Them Willie Boy Is Here), Abraham Polonsky, 1969.
La Horde sauvage (The Wild Bunch), Sam Peckinpah, 1960.
Les Extravagantes Aventures d'un visage pâle, Little Big Man (Little Big Man), Arthur Penn, 1970.
Soldat bleu (Soldier Blue), Ralph Nelson, 1970.
Juge et hors-la-loi (The Life and Times of Judge Roy Bean), John Huston, 1972.
Le Cavalier solitaire (Pale Rider), Clint Eastwood, 1985.

GLOSSAIRE

Appaloosa race de chevaux créée par croisement dans la région de la rivière Palouse chez les Nez-Percés, aujourd'hui Oregon

Bad man le méchant, synonyme de *outlaw* et de *desperado*, les hors-la-loi de l'Ouest

Boot Hill l'endroit de Dodge City où l'on enterrait les hommes morts « les bottes aux pieds », c'est-à-dire tués dans des rixes ; par extension, cimetière d'infortune

Boss le chef de l'équipe de cow-boys ; par extension, le patron d'un groupe

Bouteloua terme anglo-saxon du XVIIIe siècle ; plante de la famille des graminées très prisée par les bisons

Bowie-knife large couteau porté par les pionniers, du nom du colonel James Bowie, qui en fit usage lors de la bataille d'Alamo. Le **Green River knife**, plus petit mais plus long, était celui des trappeurs des Rocheuses

Bowler chapeau des bourgeois des villes de l'Est, parfois porté par les détectives ; caractérise le nouveau venu, l'homme de la ville

Brand marque imprimée au fer rouge sur le bétail ; par extension, signe de la honte et de l'infamie

Bronco « sauvage » en espagnol ; cheval non dressé, synonyme de mustang, cheval sauvage de l'Indien, souvent à robe tachetée

Chaparral « maquis » en espagnol ; se caractérise par des bouquets d'arbustes épineux et de cactus qui parsèment les prairies du Texas

Chaps mot tiré de l'espagnol ; enveloppe en cuir portée sur son pantalon par le cow-boy, pour se protéger de la végétation et des intempéries

Chuck-wagon « la roulante » ; cariole transformée en cuisine qui accompagne les cow-boys ; on y entrepose également les fusils

Cimarron bovin en liberté ; par extension, un solitaire, parfois un bandit

Colt le revolver inventé en 1836 par Samuel Colt, l'arme la plus populaire de l'Ouest

Concord coach le modèle le plus répandu de diligence dans l'Ouest, fabriqué à Concord, dans le New Hampshire

Conestoga lourd chariot des pionniers tiré par des mules ou des bœufs

Corral enclos à bétail au Texas ; pour les pionniers, cercle ovale formé par les chariots le soir afin de se protéger contre les attaques surprise

Deadline frontière symbolique, dans une ville de l'Ouest, entre le quartier des plaisirs et les autres ; par extension, séparation entre le vice et la vertu

Drive surveillance du troupeau sur la piste

Frontier limite de l'avance de la colonisation dans les espaces sauvages

Gambler joueur professionnel des tripots de l'Ouest

Gringo l'Américain, dans la langue espagnole des Mexicains

Hawken fusil préféré des trappeurs, d'un calibre de 40 à 60, appelé aussi **plainrifle**

Horse wrangler cow-boy responsable des troupeaux de chevaux

Keelboat bateau à faible tirant d'eau, permettant de remonter les rivières peu profondes ; l'habitat, sur le pont, en est bien protégé

Log-house cabane en rondins, typique des régions forestières de l'Oregon

Longhorn race de bovins du Texas. Ce bétail, descendant des animaux introduits par les Espagnols au XVIIe siècle, vivait en liberté et s'était adapté au milieu naturel. Il disparut par suite des croisements effectués avec les races anglaises et françaises, qui offraient une meilleure viande

Maverick L'éleveur Samuel Maverick refusait de marquer son bétail ; ce mot désigne une bête sans marque, elle appartient à celui qui la trouve

Milling technique qui oblige les bêtes à tourner en rond en cas de panique

Mochila tablier de cuir avec quatre poches où l'on met le courrier (jusqu'à neuf kilos de lettres et de télégrammes), et que l'on place ensuite sur la selle du cheval

Nester dans la langue du cow-boy, le fermier, « celui qui a fait son nid » et entoure ses terres de fil de fer barbelé

Outlaw hors-la-loi ; proscrit ; banni ; *desperado.*

Pinter cavalier expérimenté qui ouvre la piste dans les convoyages de bétail

Ranch propriété de l'Ouest avec ses dépendances et ses terres

Range les pâturages ; **open-range** : les pâturages libres d'une région

Rawhide cuir non apprêté, servant à beaucoup d'usages dans la vie du cow-boy. Au cinéma et dans la littérature, désigne le mode de vie du cow-boy

Remuda « troupeau » en espagnol ; terme des cow-boys désignant les troupeaux de chevaux non montés

Round-up au printemps et à l'automne, le boss mobilise les cow-boys afin de rassembler le bétail à l'état sauvage sur sa propriété. C'est alors que l'on marque les veaux

Saloon terme typique de l'Ouest ; débit de boissons, salle de jeu et de spectacle fréquentée essentiellement par les hommes

Scout éclaireur au service d'un convoi civil ou militaire ; l'armée utilisa souvent des trappeurs, des métis ou des Indiens tels que les Pawnees

Shérif (ou *sheriff)* officier de police élu responsable de l'ordre public au niveau du comté ; le **marshal** remplit la même fonction au niveau de la municipalité

Six-shooter « colt à six coups » ; compagnon indispensable du justicier et du hors-la-loi.
Slum bas quartier ; impasse sordide ; taudis
Sod-house maison en mottes de terre typique des Plaines
Spartine genre de graminée qui croît dans les plaines nord-américaines ainsi que sur le littoral européen
Squatter colon qui s'installe sur une terre sans titre de propriété
Star étoile ; **tin-star**, celle en fer-blanc qui brille sur la poitrine du représentant de l'ordre
Stetson du nom de John Stetson, le créateur de ce chapeau à larges bords (1865) ; coiffure adoptée par les cow-boys
Stirpe « souche, racine » en latin ; groupe d'espèces de plantes différant très peu les unes des autres
Sunbonnet coiffe des immigrantes de l'Ouest ; elle enveloppe bien le visage et protège du soleil et des intempéries.
Timberjack bûcheron de la Frontière
Trail piste des Indiens, des pionniers et des cow-boys
Train robbers pilleurs de train, une activité qui se développe avec l'essor des chemins de fer après 1870
Vaquero éleveur de bétail dans la Californie et le Texas mexicains aux XVIIIe et XIXe siècles
Wilderness littéralement « sauvagerie », c'est-à-dire les étendues sauvages habitées par les Indiens et une nature hostile
Winchester carabine à répétition, se répand dans les années 1866-1870 ; arme redoutable, surtout le modèle à quinze coups

CHRONOLOGIE

1803 Achat de la Louisiane à la France.
1803/1806 Expédition de Lewis et Clark dans les territoires du Nord-Ouest.
1805/1806 Exploration de Zebulon Pike dans le Sud-Ouest et le Colorado.
1819 Annexion de la Floride.
1826 J.F. Cooper publie *le Dernier des Mohicans* et Joseph Smith *le Livre de Mormon.*
1831 McCormick met au point une moissonneuse mécanique.
1835 Invention du revolver par Samuel Colt.
1836 Soulèvement des colons américains du Texas, réduction du fort Alamo, victoire de Sam Houston en avril. Fondation de la république indépendante du Texas.
1843 Premier départ d'un convoi de pionniers pour l'Oregon.
1844 Invention du télégraphe par Samuel Morse.
1845 Entrée du Texas dans l'Union.
1846 Cession par la Grande-Bretagne aux États-Unis de la majeure partie du territoire de l'Oregon.
1846/1848 Guerre contre le Mexique.
1847/1854 Un million d'Irlandais arrivent aux États-Unis.
1848 Découverte de l'or en Californie. Le Mexique renonce au Texas, cède le Nouveau-Mexique et la Californie aux Américains.
1849 Ruée vers l'or en Californie.
1850 La Californie entre dans l'Union. Début d'une épidémie de choléra.
1852 Harriet Beecher-Stowe public *la Case de l'oncle Tom.*
1855 Walt Whitman publie *Feuilles d'Herbe.*
1858 Première traversée du continent en diligence par la Butterfield Overland Mail C°.
1859 Découverte de l'or et de l'argent dans l'Ouest (Nevada, Idaho, Colorado, Montana, Arizona).
1860 Départ du Pony Express. Le Congrès adopte le projet de loi sur les dons de terres aux colons dans l'Ouest. Spencer invente le fusil à répétition. La Caroline du Sud se retire de l'Union. Lincoln est élu à la présidence des États-Unis.
1861 La Virginie, l'Arkansas, le Tennessee et la Caroline du Nord quittent l'Union. Début des affrontements de la guerre de Sécession.
1862 Le Congrès vote le Homestead Act, par lequel les colons résidant depuis 5 ans reçoivent 160 acres (après la guerre de Sécession, de nombreux vétérans pourront s'installer, leur temps de guerre étant pris en compte dans les 5 ans). Mort du romancier Henry Thoreau, auteur de *Walden* (1854). Révolte des Sioux du Minnesota.
1864/1867 Guerre contre les Sioux, les Cheyennes et les Arapahos.
1865 Assassinat de Lincoln.
1867 Le Nebraska devient le 37e État de l'Union. Achat de l'Alaska aux Russes.
1867/1868 Reconstruction du Sud par le Congrès (crédits pour dommages de guerre).
1868 Première attaque à main armée d'un train dans l'Indiana.
1869 Union Pacific et Central Pacific se rencontrent : achèvement du premier transcontinental. Le Wyoming autorise le vote des femmes.

1870 Début des travaux d'un second transcontinental.
1872 Création du premier parc naturel, le Yellowstone National Park, à la frontière du Montana, du Wyoming et de l'Idaho.
1874 Invention du fil de fer barbelé.
1875 G. Swift construit le premier wagon frigorifique.
1875/1876 Guerre contre les Dakotas pour les Black Hills, défaite de Custer à Little Big Horn.
1876 Le Colorado devient le 38e État. Mark Twain publie *les Aventures de Tom Sawyer*. Invention du téléphone par Graham Bell.
1877 Fin de la Reconstruction.
1878 Épidémie de fièvre jaune à la Nouvelle-Orléans, qui fait 4 500 morts. Invention du phonographe par Thomas Edison.
1882 Jessie James est abattu à Saint Joseph, dans le Missouri. Interdiction de l'immigration chinoise.
1883 Premier rodéo dans le Texas.
1885 Géronimo se rend. Fin des guerres indiennes. Première représentation du *Buffalo Bill's Wild West Show*.
1887 Loi Daws sur la propriété indienne.
1889 Ouverture à la colonisation du territoire indien de l'Oklahoma. Dakota du Nord et du Sud, Montana et Washington entrent dans l'Union.
1890 Massacre de Wounded Knee. Idaho et Wyoming deviennent les 43e et 44e Etats. Loi Sherman antitrust.
1893 Frederick J. Turner publie *Essai sur la signification de la Frontière*. Crise économique et sociale.
1896 Découverte de l'or en Alaska. Arrêt de la Cour suprême légalisant la ségrégation raciale.
1898 Guerre de Cuba. Annexion de Hawaii. Traité hispano-américain de Paris.
1902 Owen Wister publie *The Virginian*.
1903 Edwin S. Porter réalise *l'Attaque du grand rapide (The Great Train Robbery)*, le premier western.
1905 Fondation du syndicat Industrial Workers of the World (tendance libertaire).
1907 Gentlemen's agreement entre les États-Unis et le Japon au sujet de l'émigration japonaise sur le territoire américain.
1914 Incidents avec le Mexique. Règlement de la question du canal de Panama. Loi Clayton antitrust. Les Alliés européens reçoivent une aide des États-Unis.
1915 D. Griffith réalise *Naissance d'une nation*. Le *Lusitania* est coulé par les Allemands.
1917 Mort de Buffalo Bill. Entrée en guerre des États-Unis.

BIBLIOGRAPHIE

La conquête de l'Ouest a inspiré une abondante littérature. Malheureusement, il existe peu de traductions en français. Ainsi certains ouvrages cités ne sont-ils disponibles que dans leur langue d'origine.

Les explorations

Voyages des capitaines Lewis et Clark dans les années 1804, 1805, 1806, Paris, 1810. (C'est le texte de référence, consultable à la Bibliothèque nationale).

Parkman Francis *la Piste de l'Oregon*, Fayard, 1980.

L'immigration

Les Derniers Puritains, les lettres de Théodore Bost et Sophie Bonjour, Charles Marc Bost éditeur, Hachette, 1977.

Brun Jeanine *America ! America ! Trois siècles d'immigration aux États-Unis*, Gallimard, 1980.

Les Indiens

Jacquin Philippe *la Terre des Peaux-Rouges*, Gallimard, 1987.

Marienstras Elise *la Résistance indienne aux États-Unis*, Gallimard, 1980.

Le Far West

Bayrd Still *Pionniers vers l'Ouest* (deux vol.), Seghers, 1965 (recueil de témoignages).

Billington Ray A. et Ridge Martin *Westward Expansion, a History of the American Frontier*, Macmillan, nouvelle édition 1982 (ouvrage le plus complet).

Fohlen Claude *la Vie quotidienne au Far West*, Hachette, 1974.

Kramer Jam *les Derniers Cow-Boys*, Balland, 1982.

Marienstras Elise *les Mythes fondateurs de la nation américaine*, Maspéro, 1976.

Oriano Michel *les Travailleurs de la Frontière, bûcherons, cow-boys et cheminots américains au XIXe siècle*, Payot, 1977 (remarquable ouvrage sur les chansons).

Smith Henry N. *Terres vierges. De l'Ouest américain considéré comme symbole et comme mythe*, Seghers, 1967.

Turner Frederick J. *la Frontière dans l'histoire des Etats-Unis,* 1893, traduction 1963, PUF.

Le western

Parmi les nombreuses études, consulter :

Leutrat Jean-Louis *le Western,* A. Colin, 1973.

Morin Georges-Henri *le Cercle brisé, l'image de l'Indien dans le western,* Payot, 1977.

Bellour Raymond Éditions *le Western,* UGE, 1965.

Enfin, la collection Time Life, consacrée en une dizaine de volumes au Far West, constitue un ensemble dont l'illustration est remarquable.

La littérature

La conquête de l'Ouest a suscité l'intérêt des romanciers ; de nombreux ouvrages n'ont pas été traduits. Citons quelques classiques :

Berger Thomas *Little Big Man,* Hachette, 1968.

Brown C.B. *Edgar Huntley ou les Mémoires d'un somnambule,* J.-P. Place, 1980.

Cooper James Fenimore *la Prairie,* Tallandier, 1978.

Doctorow Edward L. *Loonlake,* Laffont, 1982.

L'histoire des Etats-Unis

Boorstin Daniel *Histoire des États-Unis* (4 tomes), A. Colin, 1981.

Kaspi André *les Américains* (2 tomes), coll. Histoire, Points, Seuil.

TABLE DES ILLUSTRATIONS

COUVERTURE

OUVERTURE

CHAPITRE I

CHAPITRE II

CHAPITRE III

CHAPITRE IV

CHAPITRE V

TÉMOIGNAGES ET DOCUMENTS

INDEX

REMERCIEMENTS

Nous tenons à remercier les personnes et les organismes suivants pour l'aide qu'ils nous ont apportée dans la réalisation de ce livre : les éditions Fayard, les éditions Seghers, les éditions Phébus, les Presses Universitaires de France, les éditions Payot, les éditions du Seuil, le Salon international de la bande dessinée à Angoulême, M. Georges-Henri Morin, spécialiste de cinéma américain.

CRÉDITS PHOTOGRAPHIQUES

Amon Carter Museum, Fort Worth 107, 108/109, 131. Anschutz Collection, Denver 9, 92/93 98/99, 134. Archiv für Kunst and Geschichte, Berlin 79, 139, 169. Bettman Archives, New York 84/85, 97. Bibl. nat., Paris 145. Bridgeman Art Library, Londres 4/5. Buffalo Bill Historical Center, Cody 120, 123, 124/125, 176/177, 178/179, 184/185. *Cahiers du cinéma*, Paris 126/127, 194, 197. The Church of Jesus Christ of Latter Day Saints, Salt Lake City 64/65, 62/63. John Clymer, Teton Village 38. Collection Sirot/Angel, Paris 60/61, 105. Corcoran Gallery of Art, Washington 54/55. Dargaud, Paris 192. Denver Public Library, Denver 48/49, 52/53h, 80/81. DR 12, 28, 29h, 29b, 30/31, 40h, 40/41, 68/69, 78, 88/89b, 95, 114h, 114, 115, 117, 118, 119, 121, 122, 128, 140, 144, 148, 158, 160-165, 166, 171, 172. Dupuis, Bruxelles 193. Edimedia 66/67b, 195, 196. Mary Evans, Londres 58/59, 74/75, 91, 130,155, 157. Independence National Park Collection, Philadelphie 20, 21, 31h, 31b. Kansas Historical Society, Topeka 19h, 151. Lousiana Historical Society, La Nouvelle-Orléans 10. Maryland Historical Society, Baltimore 46/47h. Metropolitan Museum of Art, New York 12/13. Montana Historical Society, Helena 22/23, 102/103, 110/111. Musée du Nouveau Monde, La Rochelle 14/15. National Museum of American Art, Washington 1. Peter Newark's Western Americana, Bath 1er plat, dos, 20/21h, 26/27, 32/33, 59h, 72/73, 77h, 77b, 129, 143, 170. Oakland Museum, Oakland 154. Oregon Historical Society, Portland 11, 39, 42h, 42/43b, 43h, 43m, 43b, 46b, 56, 57. Panhandle-Plains Historical Museum, Canyon 96h, 97h, 97m, 97b. P.P.P., Paris 16/17, 18/19, 50/51, 52/53b, 76, 82/83, 175, 188, 189, 191. Pony Express Museum, Saint Joseph 70/71. Roger-Viollet, Paris 146/147, 180/181. Smithsonian Institution, Anthropological Archives, Washington 89h. Société de Géographie, Paris 33h. Standford University Museum of Art, Stanford 84b. State Historical Society of Wisconsin 154. Texas State Library, Archives Division, Austin 36/37. Thomas Gilcrease Institute, Tulsa Couverture 4, 2/3, 6/7, 24/25, 86/87, 90, 100/101.

COLLABORATEURS EXTÉRIEURS

La maquette de cet ouvrage a été réalisée par Corinne Leveuf et, pour les Témoignages et Documents, par Manne Héron. La cartographie est de Patrick Mérienne. Le suivi de fabrication a été assuré par Marianne Bonneau.

Table des matières